내가 만물을 새롭게 하노라

내가 만물을
새롭게 하노라

성경 속 핵심 주제 17

김지철 지음

part 2 세상을 향해

말씀으로 새롭게 서십시오!

요사이는 건강식이 유행입니다. 사람들은 구미가 당겨도 몸에 해가 되는 음식은 꺼리고, 맛은 좀 덜해도 건강에 좋은 음식을 선호합니다.

건강한 육체와 일상생활을 위해 밥을 먹는 것과 같이, 우리는 영적인 삶을 위해 성경을 먹고 마십니다. 성경을 매일 읽는 것은 건강식, 그것도 맛있는 건강식을 매일 먹는 것과 같습니다. 특별히 성경을 건강식이라 부를 수 있는 이유는 성경이 우리의 영적인 삶을 도울 뿐 아니라 우리의 실제 삶을 새롭게 하기 때문입니다. 하나님의 말씀은 성경을 읽는 사람에게 우리의 일상을 새롭게 이해하고 바라보도록 새로운 해석의 틀을 제공합니다. 그래서 저는 종종 성경을 아래와 같이 세 가지에 비유하곤 합니다.

첫째는 안경이자 창문입니다. 우리가 안경과 창문을 통해 세상을 바라보는 것처럼 말씀은 세상을 보는 도구입니다. 갈색 렌즈 안경을 끼면 갈색으로, 빨간 렌즈 안경을 끼면 세상이 빨갛게 보이는 것처럼 우리는 다른 안경이 아니라 바로 하나님의 말씀이라는 안경을 통해 세상을 봐야 합니다. 하나님이 그렇게 볼 수 있도록 하셨습니다. 성경 안에는 세상을 사는 지혜가 가득 담겨 있습니다. 세상이 어떻게 돌아가는지, 인간은 어떤 존재인지, 인간관계는 어떻게 해야 하는지를 성경을 통해 알 수 있습니다.

둘째는 거울입니다. 우리는 성경을 보며 바로 나 자신을 봅니다. 모세 속에, 다윗 속에, 이사야와 예레미야 속에 바로 내 모습이 있습니다. 꼭 좋은 모습만 있는 게 아닙니다. 칭찬받을 일도 있지만 꾸중 들어야 할 죄악과 불의함도 있습니다. 그래서 성경은 나의 구태의연한 모습이 무엇인지, 나를 멈춰서게 하는 것이 무엇인지를 깨닫게 해줍니다. 하나님과 사람들 앞에서 새롭게 서지 못하게 하는 원인이 어디에 있는지 알려줍니다. 그렇기에 우리는 성경 말씀을 깊이 묵상할수록, 나의 죄악과 불의함을 깨닫고 회개하게 됩니다.

셋째는 길잡이입니다. 시편 기자는 하나님의 말씀을 "내 발에 등이요 내 길에 빛"(119:105)이라고 말합니다. 어두운 내 길을 등불처럼 비추어 한 걸음 한 걸음 인도하시는 것이 바로 하나님의 말씀입니다. 내가 가야 할 길을 열어주고, 내가 딛어야 할 곳을 안내해주는 길잡이인 것입니다.

그렇다면 성경은 어떤 주제를 담고 있을까요? 성경에는 수많은 이야기가 담겨 있어 무엇에 기준을 두고 구분하느냐에 따라 주제를 달리 끌어낼 수 있습니다. 하지만 저는 독일의 성서학자 게르트 타이센Gerd Theissen이 제시한 '성서의 근본 모티프'를 빌려와 성경의 주제를 다시 정돈했습니다. 그는 성경의 주제를 다음과 같이 14가지로 구분합니다.

'창조, 지혜, 기적, 우상, 대속, 칭의, 사랑, 임재, 희망, 회개, 떠남, 역전, 믿음, 심판.'

저는 여기에 '생명, 고난, 감사'라는 주제를 추가해 열일곱 번에 걸쳐 소망교회 주일 예배 시간에 말씀을 나눴습니다.

이런 다양한 주제를 살펴보는 것은 하나님이 인간을 위해 무슨 일을 하셨는지 그리고 믿음의 사람들이 세상을 어떤 태도와 자세로 살아야 하는가를 깨닫게 합니다. 창조의 하나님은 인간을 새롭게 하시며, 인간에게 지혜를 더하시고 기적을 베푸시고, 우상이 줄 수 없는 평안을 주십니다. 그리고 예수 그리스도를 우리에게 보내사 우리 죄를 대속하고 의롭다 하셨습니다. 바로 이 사랑의 하나님이 우리와 늘 함께 계시며 우리의 생명이 되십니다. 성경은 이렇게 우리가 하나님께 얼마나 소중한 존재인가를 깨닫게 해줍니다. 그리고 인간이 하나님의 자녀 된 자부심을 갖고 살아갈 때 삶의 고난과 역경을 어떻게 받아들일 것인지, 하나님께 희망을 둔 새로운 피조물로서 어떤 새 삶을 살아야 할지를 가르쳐줍니다. 그리스도인이 세상을 향해 나아갈 때 지녀야 할 덕목이 무엇인지 알려줍니다.

아무쪼록 성경 읽기를 사모하고 성경 말씀대로 살기를 결심하는 모든 분들에게 이 책이 도움이 되기를 기도합니다. 이 책을 통해 독자들이 성경을 더 깊이 상고할 수 있는 기회를 얻게 되기를, 또한 지금도 우리와 함께하시는 하나님을 깨달아 용기 있게 세상을 향해 나아가게 되기를 기도합니다. 틀림없이 만물을 새롭게 하시는 하나님이 우리를 새롭게 하셔서, 우리 한 사람 한 사람을 하나님 나라의 일꾼으로 사용하실 것입니다.

이 책이 나오기까지 정성을 다해준 이들이 있습니다. 강영롱 목사와 홍지애 전도사, 박혜영 전도사가 원고 하나하나를 보고 교정해주었습니다. 또 아드폰테스 편집진도 한 권의 책이 나오기까지 수고를 마다하지 않았습니다. 이들 모두에게 감사를 드립니다.

2014년 가을의 길목에서

김지철 목사

part

1

하나님과 함께

THEME 01
창조

새로움은
하나님이 주신다

보좌에 앉으신 이가 이르시되 보라 내가 만물을 새롭게
하노라 하시고 또 이르시되 이 말은 신실하고 참되니
기록하라 하시고 요한계시록 21:5

일상의 권태에 빠진 사람들

하루하루 살아가는 내 모습을 돌아보면 어떻습니까? 어떤 이는 하루가 지루하고 싫증 난다고 하고, 또 어떤 이는 기대와 설렘으로 새로운 삶이 될 것 같다고 말합니다.

직장인 700명 이상에게 "일상적인 삶에 만족하십니까?"라는 질문을 했습니다. 놀랍게도 87.3퍼센트가 "만족스럽지 않으며 싫증 난다"라고 대답했습니다. 거의 10명 중 9명이 일상의 지루함을 호소하고 있다는 뜻입니다. 이유가 무엇인지 두 가지씩 복수 답변을 하게 했더니 결과가 다음과 같았습니다. '똑같은 일들이 어제도 오늘도 반복이 되어서(62.9퍼센트)', '미래에 대한 걱정이 너무 많아서(46.8퍼센트)', '일상에 활력소가 없어서(39.6퍼센트)', '열심히 살아도 변화와 발전이 없다고 여겨져서(35.7퍼센트)'라고 나왔습니다. 즉 쳇바퀴처럼 반복되는 일상성이 힘들다는 뜻입니다.

반복적인 일이 지루하게 계속되면 싫증이 나고 금방 피곤을 느낍니다. 반대로 피곤하면 또 모든 일에 금방 싫증이 나기 마련입니다. 이런 악순환이 반복되면 우리의 정신세계가 무너집니다. '삶의 일상성'이 마치 악성종양처럼 인간의 창조성과 삶의 의욕을 파괴하는 것입니다.

로마의 정치가이자 철학자였던 세네카는 악명 높은 네로 황제의 자문관을 지냈던 인물입니다. 그는 일상 속 삶의 위기를 이렇게 지적합니다. "언제까지 똑같은 나날이 반복될까? 나는 어김없이 잠에서 깨고 잠자리에 들 것이네. 또 배고플 것이고 춥고 더울 것이네. 끝이란 없는 것일까? 모든 것이 꼬리에 꼬리를 물고 이어지는 것일까? …… 밤에 이어 낮이 오고 낮에 이어 밤이 오네. 봄에 이어 여름이 오고, 여름에 이어 가을이 오고, 가을에 이어 겨울이 오고 또 봄이 오네. 지나간 모든 것이 다시 돌아오네. 나는 어떤 새로운 일도 하지 않네. 어떤 새로운 것도 보지 않지. 그래서 때로는 구토가 밀려온다네."

그에게 하루하루는 너무나 권태롭습니다. 그는 삶을 비아냥대며 혐오하기까지 합니다. 그런데 그보다 1000여 년 앞선 시대를 살았던 전도자는 보다 심각하게 삶의 권태를 토로합니다.

해는 뜨고 해는 지되 그 떴던 곳으로 빨리 돌아가고 바람은 남으로 불다가 북으로 돌아가며 이리 돌며 저리 돌아 바람은 그 불던 곳으로 돌아가고 모든 강물은 다 바다로 흐르되 바다를 채우지 못하며 강물은 어느 곳으로 흐르든지 그리로 연하여 흐르느니라 모든 만물이 피곤하다는 것을 사람이 말로 다 말할 수는 없나니 눈은 보아도 족함이 없고 귀는 들어도 가득 차지 아니하도다 전도서 1:5-8

전도서 기자는 아무리 곰곰이 생각하고 경험해봐도 해 아래 모든 것 중에 새것은 도무지 찾을 수 없다고 탄식합니다.

하나님 안에서 찾는 새로움

이런 쓸쓸하고 허무한 시절을 보낸 기억이 있습니까? "내 인생은 왜 이렇게 무상한가?", "왜 나는 쳇바퀴 돌듯 권태롭게 살 수밖에 없는가?"라고 탄식해본 적이 있습니까? 그렇게 좋아하던 브랜드 옷을 입어보고 명품 가방을 들어봐도 잠시만 만족스러울 뿐이고, 손꼽아 기다리던 전자제품도 며칠 사용하다 보면 이내 시시해지는 것을 경험한 적이 있습니까? 아무리 취미생활을 즐겨도 영혼이 새로워지는 것을 느끼지 못했습니까? 신 나게 술을 마시고는 다음 날 아침이면 '왜 이렇게 살고 있는가?' 라고 자책하며 후회해본 적이 있습니까?

우리는 오늘도 이 질문을 하고 있습니다. "우리가 사는 이 하늘 아래 정말 새것이 없단 말인가?", "새로움을 매일매일 경험할 수는 없는 것인가?"라고 말입니다.

저는 예수님을 처음 믿게 되었을 때에도 이 질문을 했고, 오늘 다시 목사로서도 이 질문을 해봅니다. 예수님을 처음 믿었을 때에는 온갖 의심을 가지고 이 질문을 던졌습니다. 그런데 이제 목사, 아니 예수 믿는 사람이 되고 나서는 "하나님이 주신 새로움을 오늘 내 것으로 삼을 수는 없을까? 오늘도 기대와 설렘으로 새로움 속에서 기뻐하며 살 수는 없을까?"라고 묻게 됩니다.

전도서에 나오는 "해 아래 새것이 없다"라는 탄식은 제게 매우 깊이 다가왔습니다. 그러면서 동시에 이런 물음이 생겼습니다. "해 아래 새것이 없다면 해 위에는 새것이 있지 않겠는가?" 그러다가 해 위에는 우리에게 새것을 주시는 하나님이 계심을, 예수님을 통해 알게 되었습니다. 진정한 새것을 주시는 하나님이 해 위에 계시다는 사실을, 새로움의 원천은 하나님이라는 사실을 말입니다.

그러고 나서 하나님이 어떤 분인가 생각하며 성경을 다시 펴보기 시작했고, 말씀을 통해 창조주 하나님을 만났습니다. 하나님은 하늘과 땅을 만드신 분이었습니다. 하나님이 천지 만물을 하나하나 만드시며, "보기에 좋구나!" 하시고 스스로 찬탄하셨습니다. 여섯째 날에는 당신과 닮은 형상으로 인간을 만드시고 "보기에 참으로 좋구나!"라고 말씀하셨습니다. 하늘과 땅의 모든 것들은 우리가 보기에도 멋집니다. 아름답고 조화롭습니다. 우주 공간에 이 지구만큼 멋지고 아름다운 곳이 또 어디 있을까요? 이것은 누구나 다 공감하는 것입니다.

예수님 안에서 새로워지는 일상

인간이 지루함과 권태에 허덕일 때, 하나님은 예수 그리스도를 이 땅에 보내주셨습니다. 이는 곧 "네가 보는 것, 듣는 것, 만지는 것에 새것이 없느냐? 그렇다면 문제는 네게 있다. 너 자신이 새로워져야 한다"라고 말씀하신 것과도 같습니다. 예수 그리스도를 믿기만 하면 그리스도 안에서 새로운 피조물로 거듭날 수 있는 축복이 우리에게 주어졌습니다. 새로운 자아가 우리에게 허락되었습니다. 이제 옛 자아를 벗고 하나님이 주시는 새로운 자아를 입을 수 있습니다. 사도 바울은 이 사실을 알고 있었습니다.

그런즉 누구든지 그리스도 안에 있으면 새로운 피조물이라 이
전 것은 지나갔으니 보라 새것이 되었도다 고린도후서 5:17

사도 바울은 그리스도 안에 있으면 새로운 피조물이 된다고 말합니다. 옛 자아는 사라지고 온전히 새로운 존재가 된다고 말합니다. 저는 이 사실을 알고 나서부터 예수님을 믿는 게 참 좋았습니다. 예전에는 "내가 보고, 듣고, 만지는 것에 왜 새로운 것이 없을까?"라고 투정부리며 화를 낸 적도 있습니다. 산다는 것이 그저 지루하고 싫증이 났습니다. 모든 것이 귀찮았습니다. 꼭 해야 할 일도, 하고 싶은 일도 마땅히 없는 것 같았습니다.

그러나 예수님을 믿으면서 생각이 바뀌었습니다. 환경이 바뀌기 전에 나 자신이, 내 판단이 먼저 바뀌었습니다. 그러자 내가 보고, 듣고, 만지는 것이 새롭게 다가오기 시작했습니다.

지금도 예수님만 생각하면 가슴이 설렙니다. "예수님, 내가 당신을 사랑합니다. 예수님 때문에 하나님을 사랑하게 되었고 하나님의 뜻을 깨닫게 되었습니다"라는 고백이 저절로 나옵니다. 예수님이 주신 삶에 호기심이 생기고 하나님이 내 인생에 어떤 축복을 허락하실지 기대하는 마음이 생겼습니다. 동시에 이런 자부심도 생겼습니다. '맞아, 하나님은 위대한 창조주이시지. 그리고 나는 하나님을 대행하여 하나님의 몫을 부분적으로

감당하는 작은 창조자야!' 이 깨달음이 저를 기쁘게 했습니다.

　하나님이 창조주라는 사실을 우리는 누구보다 잘 알고 있습니다. 하지만 때때로 그 사실을 잊어버리며 살 때가 많습니다. 하나님이 과거에만 창조사역을 하셨을 뿐, 지금은 하지 않는다고 생각하는 사람들이 의외로 많습니다. 창조주 하나님을 믿는 그리스도인들 중에 '창조'라는 말을 잘 쓰지 않는 사람들도 많습니다. 오히려 비신자들이 기독교적 언어를 거의 남발하듯 사용합니다. 기업들의 광고문에서, 정치, 경제, 문화, 교육, 과학 등 각 분야에서 창조성과 창의성, 새로움에 대한 말들이 수없이 쏟아지고 있습니다. 저는 이 부분이 목사로서 조금 걱정됩니다. 창조라는 말은 매우 중요한데, 함부로 사용되고 있고 때론 오용되고 있기 때문입니다.

　히브리어 성경에서는 '창조하다'라는 뜻으로 '바라bara'라는 단어를 사용합니다. 이는 하나님이 주어일 때만 사용하는 단어입니다. 반면, 인간이 무언가를 만들 때는 '아싸asah'라는 단어를 사용합니다. 하나님의 창조와 인간의 창조가 구별된다는 뜻입니다. 하나님의 창조는 아무것도 없는 상태에서의from nothing 창조, 즉 무無로부터의 창조이지만, 인간의 창조는 유有로부터의 창조, 즉 이미 존재해 있는 것에서 무언가를 만들어가는 것에 불과합니다.

하나님이 우리에게 주신 선물, 창조성

앞서 언급했듯 예수님을 믿는 사람들 중에는 '창조'를 하나님의 언어라 여겨 이 말을 쓰지 않는 사람들이 더러 있습니다. 이들에게는 약간의 두려움이 있는 것 같습니다. "이것은 내 노력으로 창조된 것이다"라고 말할 때, 그리스도인들의 머릿속에 제일 먼저 떠오르는 사건이 하나 있을 것입니다. 바로 창세기 11장의 바벨탑 사건입니다.

이 사건의 전말을 잘 알고 있는 그리스도인들은 '내가 이렇게 창조적인 활동을 하는 것은 창조주 하나님에 대한 저항과 반역이 아닐까?'라는 일종의 두려움을 갖습니다. 그래서 '내가 하나님과 대결해서는 안 되지'라고 생각하며 스스로 창의적인 생각을 위축시킵니다. 창조적인 일을 위해 수고하고 땀 흘리면 '이것은 하나님의 은혜를 거스르는 것이 아닐까? 창조주이신 하나님의 은혜와 은총을 저버리는 위험한 일이 아닐까?'라고 염려합니다.

이렇듯 우리는 내면에 감춰진 창조적 능력을 어떻게 하든지 묶어 둬야 한다는 생각에서 창의력을 적극적으로 발휘하는 것을 두려워하고 있습니다. 그래서 우리가 자주 하는 '하나님의 은혜'라는 말은 어떤 면에서는 믿음의 사람들에게 있어서 정신적 게으름을 불러일으키기도 합니다. 하나님의 은혜를 구하며 적극적으로 노력하기보다는 수동적이 됩니다. 영적으로도 게을러집니다. '하나님이 다 알아서 해주시겠지. 나야 이 정도까지면 되지 않을까?'라고 생각하며, 하나님이 주신 창의력을 내보이지 않습니다.

하지만 이것은 잘못된 자기암시입니다. 창세기에 나타난 바벨탑 사건은 바벨탑을 쌓은 것 자체가 문제는 아니었습니다. 목적과 방향의 그릇됨, 그것이 문제였습니다. 그들은 자신을 위해서 바벨탑을 쌓았습니다. 인간의 이름을 높이기 위해, 하나님과 동등해지기 위해 바벨탑을 쌓았고 하나님은 그것을 뒤흔드셨습니다. 바벨탑은 하나님이 주신 창조성에 감사하며 그 능력을 개발한 결과물이 아니었던 것입니다.

우리는 창조주 하나님을 '아바 아버지'라고 부릅니다. 우리는 그분의 자녀입니다. 자녀를 키워보셨다면 아실 것입니다. 내 아들에게 나의 인생 노하우와 능력을 전수해주고 싶지 않습니까? 내 딸에게 내 성품의 좋은 것들을 물려주고 싶지 않습니까? 하나님이 우리 아버지시라면, 하나님도 당신의 창조적인 능력과 지혜를 우리에게 선물로 주고 싶어 하시지 않겠습니까? 또 그것을 우리가 잘 키워나가길 원하시지 않겠습니까? 이렇듯 하나님이 주신 능력을 마음껏 발굴하고 활용할 필요가 우리에게 있는 것입니다.

무엇을 잘합니까? 악기 연주를 잘합니까? 그림을 아름답게 그
립니까? 글을 쓰는 사람입니까? 건축하는 사람입니까? 의학에
종사하고 있습니까? 법률을 다루는 사람입니까? 경제·금융 전문
가입니까? 기업을 경영하는 사람입니까? 과학을 연구하는 사람
입니까? 우리 모두가 축복받은 사람들입니다. 어떤 직업을 가졌
어도 하나님의 축복입니다. 우리는 하나님이 주신 질서와 조화,
아름다움으로 내게 주어진 일에 참여하는 축복받은 사람들입니
다. 우리에게는 하나님의 놀라운 지혜를 우리의 것으로 삼아 잠
재된 재능을 주님과 함께 펼쳐갈 당위성이 분명합니다. 그리고
그것은 하나님이 우리에게 주신 '선물'입니다.

> 보좌에 앉으신 이가 이르시되 보라 내가 만물을 새롭게 하노라
> 하시고 또 이르시되 이 말은 신실하고 참되니 기록하라 하시고
> 또 내게 말씀하시되 이루었도다 나는 알파와 오메가요 처음과
> 마지막이라 내가 생명수 샘물을 목마른 자에게 값없이 주리니
>
> 요한계시록 21:5-6

창세기 1장에는 하나님이 태초에 하늘과 땅을 만드셨다는
기록이 있습니다. 하나님의 아들 예수님은 이 땅에 오셔서 우

리를 부르사 하나님 나라를 세워가는 데 참여하게 하셨습니다. 또 역사의 마지막 때가 되면 새 하늘과 새 땅을 허락해주리라 약속하시며 "내가 만물을 새롭게 하는 하나님이다"라고 말씀하셨습니다. 목마른 자들에게 생명수 샘물을 값없이 주실 것이라 약속하셨습니다. 그 생명수 샘물은 무엇일까요? 하나님이 우리에게 주신 생명의 영, 지혜의 영, 창조의 영, 축복의 영이 아니겠습니까? 그러므로 만물을 새롭게 하시는 하나님이 나와 내 생각과 내가 하는 일을 새롭게 하시도록 나 자신을 하나님 앞에 열어두며 변화시킬 책임은 우리에게 있습니다.

창조의 영을 구하는 삶

세상의 많은 사람들이 창조주 하나님 그분 자체에는 관심이 없고, 창조주 하나님이 주시는 창조적 에너지에만 관심이 있습니다. 그런데 하나님을 알지 못하면서 어떻게 창조적 에너지를 기대할 수 있겠습니까? 그들은 단지 막연한 신, 거대한 천기天機를 바라보고 있을 뿐입니다.

그러나 우리가 믿는 하나님은 하늘과 땅을 만드시고, 그 안에 생명을 불어넣으사 인격 대 인격으로 우리를 만나시는 분, 우리를 사랑으로 안으시는 분입니다. 그런 하나님께 우리 자신을 맡긴다면 우리에게 새 역사가 일어나는 건 당연한 이치입니다.

하지만 이를 위해 먼저 우리가 해야 할 일들이 있습니다. 우리의 옛 생각을 버려야 합니다. 회개하는 것입니다. "나는 못났어. 나는 무기력해. 나는 아무것도 할 수가 없어. 이 세상 전부다 보기 싫어." 이렇게 말하는 옛 자아의 무능을 하나님 앞에 아뢰고, '이제 주님 안에서 새롭게 변화될 거야. 주님과 함께 할 수 있어. 주님이 기뻐하시면 내가 그것을 인생의 목표로 삼고 달려갈 수 있어!'라고 결단해야 합니다. 예수 그리스도를 믿으며 하나님이 주신 생명의 영을 받아들여야 합니다.

하나님이 허락하신 창조의 목표가 무엇이었을까요? 그것은 바로 "보기에 좋았다"라는 것입니다. 하나님의 창조로 '카오스(chaos, 혼돈)의 세계'가 '코스모스(cosmos, 질서)의 세계'로 바뀌었습니다. 멋있고, 아름답고, 선하고, 신실한 세계로 나아갈 수 있는 하나님의 역사가 우리에게 주어진 것입니다.

가정주부입니까? 식사를 준비할 때 어떻게 하면 하나님의 마음으로 맛있고 보기 좋게 식탁을 차릴 수 있을까 생각하십시오. 직장인입니까? 어떻게 하면 하나님의 마음으로 창조적으로 일을 할 수 있을까 생각하십시오. 기업인입니까? 어떻게 하면 내가 만드는 제품을 통해 하나님의 아름답고 선한 모습을 세상에 전할 수 있을지 생각하십시오. 예술가여도, 학자여도, 학생이어도 마찬가지입니다. 어떤 직분을 가지고 있어도 상관없습니다. 기도하며 하나님의 말씀을 묵상해보십시오. 하나님과 접선해야 합니다. 하나님의 말씀을 내 것으로 받아야 한다는 말입니다.

내가 발을 딛고 있는 오늘 하루, 지금 이 순간, 이 자리에 어떤 마음으로 서 있습니까? 먼저 말씀 속에 살아 계신 하나님의 영, 생명의 영, 창조의 영을 내 안에 간직해야 합니다. 그리고 가정과 직장, 학교, 삶의 현장 구석구석으로 나아갑시다. 바로 그 현장이 하나님의 선하고 아름다운 창조의 역사를 만들어갈 수 있는 자리입니다.

prayer

창조의 주인이신 하나님, 우리가 창조주 하나님의 생명수 샘물을 받아 마시게 하옵소서. 창조주 하나님이 이미 내 속에 심어주신 창조성을 회복하게 하옵소서. 우리가 하나님과 동행하는 작은 창조자라는 자부심으로 이 세상을 살아가게 하옵소서.

지혜

하나님을 경외하는 것이 참 지혜다

이는 그들로 마음에 위안을 받고 사랑 안에서 연합하여 확실한 이해의 모든 풍성함과 하나님의 비밀인 그리스도를 깨닫게 하려 함이니 그 안에는 지혜와 지식의 모든 보화가 감추어져 있느니라 골로새서 2:2-3

처세술은 필수적인가?

인터넷 취업 사이트에서 직장인 2300명에게 '직장 생활에서 처세술이 필수적입니까?'라는 질문으로 설문조사를 했습니다. 무려 95.5퍼센트가 '필수적'이라고 답했으며, 실제로 직장인의 73퍼센트는 처세술을 활용하고 있었습니다. 사용하는 처세술에 대한 복수 응답으로는 '눈치, 상황 판단력과 같은 즉각적인 센스(60퍼센트)', '성실한 태도(36퍼센트)', '예의 바른 태도(33퍼센트)' 순이었고, 그 밖에 대답으로는 '사교성, 인내심' 등이 있었습니다. 그리고 '왜 이런 처세술을 사용하십니까?(복수 응답)'라는 물음에는 '원만한 인간관계 유지에 도움이 되기 때문에(68퍼센트)', '업무 처리 시에 도움을 받을 수 있어서(36퍼센트)', '근무 분위기를 원활하게 할 수 있어서(35퍼센트)' 등의 대답이 나왔습니다.

이 세상에는 처세술에 관한 내용을 다룬 수많은 자기계발서가 있습니다. 사람들은 인간관계에서 나를 더욱 돋보이게 하고 남을 잘 설득함으로써 삶을 보다 윤택하게 만들고자 합니다. 이에 필요한 지혜가 처세술이며 우리가 인간관계에서 사용하는 처세술을 부정적인 시각으로 볼 필요는 없습니다.

성경에 나타난 처세술

성경은 하나님의 말씀이자 지혜의 요람입니다. 그렇다면 성경의 지혜 가운데 처세술적인 지혜도 있을까요? 잠언서와 구약 외경인 집회서, 그리고 지혜서를 보면 처세술적 지혜가 곳곳에서 발견됩니다. 이는 세상의 처세술보다 삶의 본질을 더욱 깊이 꿰뚫는 지혜라고 할 수 있습니다.

집회서에는 재물에 대해 이런 이야기가 있습니다. "너는 재물을 의지하지 말며 '이만하면 족하다'고 자만하지 말라. 지혜가 있는 사람은 가난해도 존경을 받고, 부자는 그 재산 때문에 존경을 받는다. 가난하면서도 존경을 받을 수 있다면 부자일 때 얼마나 더 큰 존경을 받겠느냐. 부자이면서 경멸을 받는다면 가난하게 되었을 때 그의 처지가 어떻겠느냐?" 또한 부한 자와 가난한 자는 갈등 속에 있을 수밖에 없다고 말합니다. "늑

대와 개가 어떻게 평화롭게 살 수 있으며, 부자와 가난한 자가 어떻게 화평하게 살 수 있겠는가. 나귀가 광야에서 사자의 밥이듯 가난한 자는 부자의 밥이다. 오만한 자들이 겸손을 싫어하듯 부자는 가난한 자를 싫어한다. 부자는 남을 해치고도 오히려 큰소리를 치지만 가난한 사람은 피해를 입고도 오히려 사과를 해야 한다."

2000년 전 지혜자의 글인데도 오늘날과 큰 차이가 없는 것 같습니다. 오늘날도 "유전무죄 무전유죄"라는 말을 곳곳에서 들을 수 있습니다. 돈과 재물에 대한 고통은 예나 지금이나 여전한가 봅니다.

또한 집회서는 말에 대해 이렇게 기록합니다. "듣기는 빨리하고 말하기는 더디 하여라. 대답을 못 해서 침묵을 지키는 사람이 있는가 하면 대답할 때를 기다려 침묵을 지키는 사람이 있다. 지혜로운 사람은 때가 오기까지 침묵을 지키나, 어리석은 사람은 때를 분간하지 못하고 수다를 떤다. 실언하기보다는 길에서 넘어지는 편이 더 낫다. 매에 맞아 죽으면 매 자국이 날 뿐이지만 혀에 맞아 죽으면 뼈가 부러진다. 칼에 맞아 죽은 사람이 있지만 혀에 맞아 죽은 사람은 더 많다. 말 많은 사람과 다투지마라. 그것은 불에 장작을 넣는 것과도 같다."

말이 얼마나 중요한지, 말 한마디가 사람을 세우기도 하고 바덕으로 내치기도 합니다. 말은 그 사람의 인격이자 성품입니다. 이런 이유로 집회서는 지혜롭게 말할 것을 요청합니다.

자녀 교육에 대해서는 이렇게 기록합니다. "자식을 사랑하는 부모는 매를 아끼지 않는다. 만년에 그 자식은 기쁨이 될 것이다. 자식을 엄격히 키우는 사람은 덕을 볼 것이며 친지들 사이에서 그 자식이 자랑거리가 될 것이다. 길들이지 않는 말은 사나워지고 제멋대로 자란 자식은 방자해진다."

예쁘다고 그저 오냐오냐하고 키우면 나중에 결코 효도하지 않는다는 것입니다. 즉, 잘못했을 때 매를 들어야 그 자녀가 부모의 소중함을 알고 효도할 줄 알게 된다는 이야기입니다. 자녀 양육이 얼마나 어렵습니까? 과거나 지금이나 마찬가지입니다. 분명히 내 배 속에서 태어난 내 아들, 내 딸인데 마음대로 되지 않습니다.

이렇듯 삶의 수많은 인간관계에 필요한 지혜를 성경의 잠언서와 외경의 지혜서가 우리에게 가르쳐주고 있습니다.

주님을 경외할 때 주어지는 참 지혜

세상의 지혜와 성경의 지혜 사이에는 분명한 차이가 있습니다. 세상의 지혜가 처세술적 지혜에 머물러 있다면, 성경의 지혜는 여기서 한 걸음 더 나아갑니다.

하나님의 사람들은 세상 속에서 하나님을 발견합니다. 하나님의 지혜를 발견합니다. 하나님의 섭리와 역사의 흐름을 발견합니다. 이 세상이 하나님의 지혜로 만들어졌음을 믿기 때문입니다. 자연 질서 가운데 담긴 하나님의 지혜, 인간의 모습 가운데 담긴 하나님의 형상, 삶의 모든 조화 가운데 담긴 하나님의 뜻. 이렇듯 우리는 모든 것 가운데 하나님을 발견할 수 있습니다. 이처럼 우리가 경험하는 모든 일에 하나님이 간섭하고 개입하신다는 놀라운 사실을 깨닫게 되면, 신앙의 지혜는 자라납니다.

외경의 집회서는 우정에 대해 이렇게 말씀합니다. "어떤 친구는 너의 식탁에는 잘 와서 앉으나 네가 불행하게 되면 너를 버린다. 네가 잘살 때는 네 집을 자기 집처럼 여기고, 네 하인들마저 마음대로 부리다가 네가 망하게 되면 등을 돌려 네 옆에서 자취를 감춰버린다."

옛날이나 지금이나 못된 친구는 비슷한 것 같습니다. 반면 성실한 친구에 대해서는 이렇게 이야기합니다. "성실한 친구는 안전한 피난처요, 그런 친구를 가진 것은 보화를 가진 것과 같다. 성실한 친구는 무엇과도 비길 수 없으며, 그 우정을 값으로 따질 수 없다. 주님을 두려워하는 사람만이 이런 참된 친구를 얻을 수 있다." 성실한 친구를 가진 자는 보화를 가진 것과 같다고 합니다. 그 우정은 무엇과도 비길 수 없고 값으로도 따질 수 없다고 합니다.

그런데 이런 친구를 어떻게 얻을 수 있습니까? 주님을 두려워하는 사람만이 이런 참된 벗을 사귈 수 있다고 합니다. 하나님을 두려워할 줄 아는 사람이 친구도 나와 같이 하나님의 형상으로 지음받은 소중한 존재임을 알며, 자신 또한 친구에게 성실한 친구가 될 수 있다는 말입니다.

결혼에 대해서는 이런 재미있는 표현이 있습니다. "고약한 아내와 함께 살기보다는 사자나 공룡과 함께 사는 편이 차라리 낫다. 세상에 악처보다 더 고약한 것이 있으랴. 죄인들이 받을 보상은 이런 여자를 아내로 맞는 것이다. 훌륭한 아내를 가진 남편은 행복하여라. 그는 곱절은 오래 살리라. 좋은 아내는 큰 행운이다."

그리고 뒤이어 하나님에 대한 이야기가 이어집니다. "주를 두려워하는 사람들이 이 행운을 받는다. 말이 적은 아내는 주님의 선물이며, 교양 있는 아내는 돈으로도 살 수 없다. 정숙한 아내는 더할 바 없는 매력을 갖고 있어, 그 정결함이 어떤 저울로도 잴 수가 없다. 살림살이를 알뜰하게 하는 좋은 아내는 주님의 산에 떠오르는 태양처럼 아름답다.”

부부 관계에서도 하나님의 도우심과 이끄심을 경험할 수 있으며 이와 같은 축복은 주님을 경외할 때 주어지는 것이라고 성경은 우리에게 말씀합니다.

우리가 어떻게 하나님을 찬양할 수 있습니까? 가만히 하늘과 땅만 쳐다보는 것으로도 하나님을 찬양할 수 있습니다. 우리 눈에는 하나님의 솜씨가 보이기 때문입니다. 하나님이 그 눈을 우리에게 허락하셨습니다. 그렇기 때문에 “저 찬란한 태양을 보아라. 저것을 만드신 하나님을 찬양하라”라고 하나님을 찬양할 수 있습니다.

삶의 모든 자리에서 하나님을 경외할 때, 믿음의 지혜가 풍성해집니다. 그래서 구약의 시편과 잠언은 하나님을 경외하는 것이 지혜의 근본이라고 말합니다. 하나님은 그분의 지혜로 우주 만물과 하나님의 형상을 닮은 인간을 만드셨습니다. 그러므로 인간은 하나님을 경외할 때, 이 세상 가운데 감춰진 하나님의 비밀과 지혜를 보는 눈이 열리게 됩니다. 하나님을 인정할 때, 그분의 비밀과 지혜를 들을 수 있고 가슴으로 느낄 수 있습니다. 하나님을 사랑하면 그분의 비밀을 깨닫기 시작합니다.

유대 학자였던 아브라함 요수아 헤셸은 이렇게 말합니다. "지혜에 이르는 유일한 길이 있다. 그것은 하나님을 경외하는 것이다. 하나님을 향해 놀라는 마음을 잃어버리는 때, 헛된 자만심으로 인해 하나님을 우러러보는 마음이 들지 않을 때, 우주는 당신 앞에 하나의 장터가 되고 만다. 경외의 상실이야말로 바르게 보는 것을 가로막는 가장 큰 장애물이다. 가장 위대한 통찰은 하나님을 경외하는 순간에 이루어진다." 하나님을 경외할 줄 알아야 하나님이 지으신 우주 세계가 보이고, 인간관계가 보이고, 삶의 의미와 방향을 깨닫게 된다는 것입니다.

유대인들에게는 하나님을 믿는 것보다 더 소중한 것이 있습니다. 그것은 바로 하나님을 경외하는 것입니다. 먼저 하나님을 경외할 줄 알아야 신앙도 생기고, 하나님을 향해 온전한 예배를 드릴 수 있으며, 하나님께 진실하게 순종할 수 있다는 뜻입니다.

하나님을 경외하는 것이 인생의 근본입니다. 지혜의 시작입니다. 이 세상에 감춰진 하나님의 비밀을 깨닫는 자리는 바로 하나님을 경외하는 자리입니다.

우주보다 크신 사랑의 열정

하나님과 우상들 사이에는 분명한 차이가 있습니다. 세상에 존재하는 수많은 신들은 자기 자신에게 관심이 있습니다. 그러나 하나님의 관심은 사람입니다. 하나님은 사람에 대한 사랑의 열정을 품고 계십니다. 그래서 아브라함을 찾아오시고, 모세를 찾아오시고, 하나님을 끊임없이 배반한 이스라엘 백성을 찾아오신 것입니다. 아들과 딸을 생각하면 가슴이 뭉클해지고 뜨거워지는 어머니의 사랑, 그러나 그보다 더 큰 열정으로 우리를 찾아오시는 분이 바로 하나님입니다.

그렇다면 하나님이 품고 계신 이 열정의 목표는 무엇일까요? 우리로 하여금 자유를 누리게 하는 것입니다. "너는 죄로부터 자유해라. 너는 사탄의 억압으로부터 자유자가 돼라. 너는 죽음의 두려움으로부터 자유자가 돼라. 이제는 종이 아니라 하나님의 자녀로서 당당하게 살라. 내가 네게 가르쳐준 이 하늘의 모든 비밀과 지혜와 지식을 넘치도록 깨닫고 누려라." 이렇게 우리에게 요청하시는 것입니다.

이 자유는 하나님을 경외할 때 주어집니다. 우리를 향한 사랑의 열정을 품고 계신 구원의 주님을 신뢰할 때, 이 비밀이 열립니다. 하나님은 이 열정을 우리에게 직접 보여주셨습니다. 바로 예수님입니다. 예수님은 이 땅에 육체의 모습으로 오셨습니다. 자기 생명을 아끼지 않고 십자가에 내놓을 정도로 우리를 향한 사랑의 열정이 가득한 분이었습니다. 그래서 예수님은 하나님의 열정입니다. 예수님의 사랑은 파토스pathos입니다. 그분 안에 하나님이 함께 거하셨습니다. 하늘의 모든 지혜와 지식의 비밀을 가르쳐주시기 위해 예수님이 이 땅에 오셨습니다.

믿는 자에게 선물로 주신 특권

사도 바울은 예수님이 곧 하나님의 비밀이라고 이야기하며, 다음과 같이 덧붙입니다.

> 그(예수 그리스도) 안에는 지혜와 지식의 모든 보화가 감추어져
> 있느니라 골로새서 2:3

예수님의 삶이 어떠했습니까? 그분의 삶은 하나님을 경외하며 사랑하는 삶이었습니다. 사람들을 사랑하며 섬기는 삶이었습니다. 이것이 지혜자의 모습입니다. 하나님을 경외하며 온 세계를 바라볼 줄 아는 삶, 사람의 소중함을 알며 사랑할 줄 아는

삶, 그것이 지혜자에게 주어진 삶의 특권입니다. 그래서 우리는 예수님을 통해 하나님을 만날 수 있고, 예수님 안에 담긴 모든 지혜와 지식을 우리의 것으로 받아들이고 누릴 수 있게 되었습니다. 그것이 하나님의 사람들에게 주신 아버지의 선물, 바로 우리의 특권입니다.

미국의 최고 부자인 워런 버핏과의 점심 약속이 해마다 경매에 부쳐지고 있습니다. 2013년에는 100만 100달러에 낙찰되었습니다. 우리나라 돈으로 약 11억 2000만 원으로 버핏과 함께 점심식사를 하게 된 것입니다. 재작년 낙찰가는 역대 최고가로 346만 달러, 약 40억 원이었습니다. 도대체 왜 이와 같은 현상이 일어날까요? 그는 주식투자의 귀재이자 현인賢人으로, 자산을 지혜롭게 운영하는 비결을 알고 있었기 때문입니다. '나도 그렇게 한번 해보자!'라는 마음을 먹은 사람들이 10억, 40억을 들여서라도 그와 점심식사를 하고자 한 것입니다.

그렇다면 이 세상의 현인 중 현인은 누구일까요? 지혜자 중 지혜자는 누구일까요? 우리 주님이신 예수님이 아닙니까? 그런데 예수님과 점심식사를 함께하기 위해서는 얼마가 들까요? 하루 종일 예수님과 있으려면 얼마가 들까요? 공짜 아닙니까! 그런데 왜 만나지 않습니까? 왜 요청하지 않습니까?

예수님 앞에 나아올 때는 한 가지 조건만 있습니다. 예수님을 하나님의 아들로 받아들이면 됩니다. 하나님을 경외하고 사랑하는 마음이 있으면 됩니다. 진정한 지혜자이자, 내게 사랑의 열정으로 다가오신 그분을 향해 내 마음을 열어놓는 것입니다.

버핏과 만난 사람이 그냥 갔을까요? 버핏이 어느 주식에 언제, 얼마만큼 투자했고, 또 어떻게 돈을 벌었는지 물어보지 않았을까요? 그렇다면 우리도 참 지혜자이신 예수님께 물어봐야 하지 않을까요? "예수님, 무슨 말씀을 하셨습니까? 누구와 만나셨습니까? 어떻게 사셨습니까? 예수님이 왜 지혜자이십니까?"라고 말입니다.

우리는 왜 성경을 읽습니까? 예수님이 어떤 분인지 알아야 하기 때문입니다. 왜 기도합니까? 예수님과 대화하기 위해서입니다. 주님과 더 가까워지기 위해 말씀을 보고 기도하는 것입니다.

예수님 안에 하늘의 지혜와 지식의 모든 보화가 다 들어 있습니다. 우리가 "주님, 사랑합니다. 내가 주님과 함께 거하기를 원합니다. 주님의 지혜와 지식을 얻기 원합니다"라고 기도하며 주님 앞에 나아갈 때, 우리는 비로소 지혜자가 될 수 있습니다. 하늘의 지혜와 지식, 이 모든 보화를 우리 것으로 삼는 하나님의 사람이 될 수 있습니다. 이제 성경을 펴고, 그 안에서 놀라운 하나님의 지혜를 발견합시다. 우리에게 참 지혜를 주시는 하나님을 만납시다.

지혜의 근원이신 하나님, 예수님 안에 하나님의 열정이 있고, 하나님의 지혜와 지식이 있음을 깨닫게 하시니 감사합니다. 이제 예수님과 함께 지혜와 지식이 가득한 신앙을 갖고 우리의 삶을 열어가게 하옵소서. 지혜자이신 예수님과 함께 세상을 당당히 이겨나가게 하옵소서.

기적

믿는 자에게
기적이 나타난다

예수께서 그에게 이르시되 보라 네 믿음이 너를 구원
하였느니라 하시매 곧 보게 되어 하나님께 영광을 돌
리며 예수를 따르니 백성이 다 이를 보고 하나님을 찬
양하니라 누가복음 18:42-43

성경에 나타난 기적 이야기

목사로서 '기적'이라는 주제는 가장 많이 나누고 싶으면서도 가장 주저하게 되는 주제입니다. 여기에는 세 가지 이유가 있습니다. 첫 번째 이유는 '신앙이란 개인의 체험보다 더 큰 것이 아닌가' 하는 생각 때문입니다. 이성으로 받아들일 수 있는 객관성이 전제되어야 신앙이라고 말할 수 있지 않을까 싶기 때문입니다. 두 번째 이유는 '기적의 경험이 신앙의 중심이 되면 기독교 신앙의 격이 떨어지는 것은 아닐까'라는 의문 때문입니다. 마지막 이유는 '기적을 중심에 두면 오늘날과 같은 과학 검증 시대에 기독교 신앙이 버틸 수 있을까'라는 우려 때문입니다.

하지만 이런 마음으로 성경을 읽다 보면, 마치 제 영혼을 향해 하나님이 꾸중하시는 소리가 들리는 것 같습니다. "본래 신앙이 기적이 아니더냐. 하늘과 땅을 만들고 보기에 좋다고 말한 나는 창조의 하나님, 기적의 하나님이 아니더냐. 모세를 통해 종

되었던 애굽 땅에서 이스라엘 백성을 이끌어내고 홍해를 건너 가나안 땅까지 인도한 그 모든 것이 기적이 아니더냐. 가장 약하고 작았던 이스라엘, 누구도 관심을 갖지 않았던 작은 민족을 약속의 백성으로 세운 것이 기적이 아니더냐. 강한 자, 권력자의 하나님이 아니라 오히려 연약한 자, 고아와 과부의 하나님인 것을 보여준 것 자체가 기적이 아니더냐. 세상의 세속적인 가치관을 어느 신이 이렇게 뒤바꿔놓은 적이 있더냐."

예수님이 성령으로 잉태되어 하나님의 아들로 이 땅에 오신 일, 그 또한 기적입니다. 예수님이 이 땅에서 귀신을 내쫓으시고, 질병 들린 자들을 치유하신 것 자체가 기적입니다. 로마의 가장 비참한 형틀인 십자가에 달려 죽으셨지만 사흘 만에 다시 살아나신 것이 기적이고, 이 땅에 재림주와 심판주로 다시 오겠다고 약속하신 것, 그 사실이 바로 기적입니다. 이처럼 성경의 중심 내용이 기적으로 이루어졌다 해도 과언이 아닙니다.

실제적으로 역사하시는 하나님

제가 신학교를 다니던 시절, 한 교회의 수요예배에 참석했던 적이 있습니다. 그때 목사님이 사도행전 3장으로 설교를 하셨습니다. 베드로가 성전 미문에 들어가던 날, 평생 구걸하던 앉은뱅이 거지를 만나는 장면이었습니다. 베드로는 동냥하는 거지에게 하나님의 말씀을 선포합니다.

> 은과 금은 내게 없거니와 내게 있는 이것을 네게 주노니 나사렛 예수 그리스도의 이름으로 일어나 걸으라 사도행전 3:6

베드로는 구걸하던 거지를 손으로 붙잡아 일으켜 세우며 "나사렛 예수의 이름으로 일어나 걸으라!"라고 선포합니다. 그러자 거지가 벌떡 일어나 하나님을 찬양했고, 지켜보던 모든 이들은 깜짝 놀랐습니다. 기적이 일어난 것입니다.

그런데 설교를 하시던 목사님은 이 본문을 영적인 차원으로만 해석하셨습니다. 죄악으로 묶여 있던 인간의 영혼이 하나님의 말씀으로 자유롭게 되었다고 전하셨습니다. 설교를 듣던 제 마음에 의문이 생겼습니다. '맞습니다. 그것도 맞습니다. 그러나 그것만은 아니지 않습니까? 이 말씀은 실제로 일어난 사건인데, 그렇게만 해석해도 괜찮습니까?' 마음이 무거웠습니다.

그때부터 하나님께 이렇게 기도했습니다. "하나님, 제가 말씀을 증거할 때 성령의 역사가 나타나게 하옵소서. 내 능력과 내 힘이 아니라 하나님이 말씀하심으로 영적인 변화, 정신적인 변화, 육체적인 치유의 역사가 나타나게 하옵소서. 목회 현장에서 생명의 역사, 치유의 역사가 동시에 일어나게 하옵소서."

그 후로 무려 40년의 세월이 흘렀습니다. 오늘도 아침에 하나님 앞에 나아오며 이런 기도를 했습니다. "하나님의 자녀들이 하나님 앞에 나아와 예배드릴 때, 기적의 역사가 일어나게 하옵소서. 우리가 기도할 때, 생명의 역사가 일어나게 하옵소서. 선포되는 하나님의 말씀이 그대로 이루어지게 하옵소서. 간절히 기도하는 기도의 제목들이 이루어지게 하시고, 치유와 회복의 역사가 일어나게 하옵소서. 생명의 사건이 우리 삶 가운데 날마다 나타나게 하옵소서."

기적을 만드는 믿음

도대체 기적이 무엇일까요? 예수님께 기적이란 무엇이었을까요? 성경을 읽어보면, 예수님은 기적을 행하시는 것을 가능한 한 절제하셨습니다. 아예 행하지 않으려고 하신 적도 많았습니다. 특히 인간에게 인기를 얻으려는 데 목적을 둔 기적이라면 전적으로 거부하셨습니다. 오히려 사탄이 예수님께 기적을 행하라고 부추기며 유혹했습니다.

예수님은 공생애를 시작하면서 광야에서 40일 동안 금식하며 기도하셨습니다. 그때 사탄이 예수님을 유혹하러 다가옵니다. "예수야, 너 배고프지? 저 광야에 있는 돌들을 보아라. 빵 조각으로 보이지? 저 돌들을 빵 조각으로 바꾸면 세상 사람들이 얼마나 환호하겠느냐. 백성의 빵 문제를 해결하는 것이 정치 지도자가 할 일 아니냐? 그러니 네가 저 돌들을 떡과 빵으로 만들어보아라. 그러면 사람들이 너를 왕으로 세우자고 몰려들 거야!" 하지만 예수님은 그것을 단호히 거절하셨습니다.

그러자 사탄은 예수님을 높은 성전 위로 끌고 올라가 유혹합니다. "여기서 뛰어내려보아라. 그러면 천사가 너를 받쳐주지 않겠니? 이렇게 높은 곳에서 뛰어내려도 안전하게 내려온다고 하면, 세상 사람들이 박수를 칠 거야. 이런 기적을 행하는 자를 우리의 왕으로 삼자고 사람들이 몰려들 텐데, 한 번 해보자." 하지만 예수님은 이 또한 거절하셨습니다. "아니다. 사탄아, 물러가라! 오직 하나님만 섬기고 하나님만 사랑하라." 예수님은 하나님만을 경배하라고 말씀하셨습니다.

사탄만이 아닙니다. 바리새인과 서기관 등 당대의 종교 지도자들도 예수님에게 다가왔습니다. "당신이 정말 메시아인가? 그럼 표적을 보이라. 기적을 만들어 우리를 믿게 해봐라. 우리가 당신을 특별한 사람으로 여길 수 있게 해봐라." 이렇게 비아

냥거리며 예수님께 기적을 행할 것을 요청했습니다. 그러나 예수님은 다음과 같이 말씀하실 뿐이었습니다.

> 악하고 음란한 세대가 표적을 구하나 선지자 요나의 표적밖에는 보일 표적이 없느니라 마태복음 12:39

"나에게 기적과 표적을 요구하는 것은 너희 마음이 완악하기 때문이다. 너희 마음속에 하나님을 섬길 마음이 없으니, 이런저런 표적을 보여달라고 하는 것 아니냐? 내가 너희에게 보일 표적은 십자가에 달려 죽어 무덤 속에 들어갔다가 다시 부활한 이 표적밖에 없다." 예수님은 왜 이렇게 말씀하셨을까요?

기적을 보면 믿음이 생길까요? 기적을 경험하면 믿음이 커질까요? 예수님은 아니라고 말씀하십니다. 믿음이 기적을 만드는 것이지, 기적이 믿음을 만드는 건 아니라고 말입니다. 예수님은 부활의 기적으로 제자들을 만나셨을 때도 그들에게 이와 같이 가르치셨습니다. "너희들이 본 것으로 믿느냐? 보지 않고 믿는 자가 더 복되도다."

우리의 믿음은 어디에 근거하고 있습니까? 기적에 근거하고 있습니까? 그렇다면 그 믿음은 쉽게 무너질 것입니다. 우리의 믿음이 보이지 않는 것, 즉 하나님의 사랑과 예수님의 인격에 근거한 것입니까? 그렇다면 그 신앙은 참된 신앙이며, 기적을 만드는 신앙이 될 수 있습니다.

예수님이 보여주신 기적의 의미

기적 행하시는 것을 절제하신 예수님이지만, 그럼에도 성경은 기적으로 가득 차 있습니다. 예수님은 자연을 통제하기도 하셨습니다. 파도를 향해 "잠잠하라!" 말씀하시기도 했습니다. 인간의 자아 정체성을 무너뜨리는 귀신을 향해 "물러가라!" 소리치며 쫓아내시기도 했습니다. 질병 들린 사람을 친히 만지며 치유하는 기적도 행하셨습니다.

기적을 거부하셨던 예수님이 왜 이토록 많은 기적을 행하셨을까요? 이유는 한 가지입니다. 인간이 살고 있는 시대가 불만족스러웠기 때문입니다. 인간이 마주한 현실이 일그러져 있었기 때문입니다.

도대체 예수님은 어떤 모습을 보셨던 걸까요? 하나님의 형상으로 만들어진, 보기에 심히 좋은 인간의 존엄성이 파괴당하고 있었습니다. 억압당하고 있었습니다. 인간이 하나님의 자녀로서 살지 못하고 있었습니다. 그릇된 선입관으로 서로를 비난했습니다. 열등감, 분열된 사고, 흐려진 판단력으로 서로를 정신분열증 환자로 만들고 있었습니다. 강박증에 눌려 있었습니다. 죽음에 대한 두려움 속에서 허덕이고 있었습니다. 이런 정신적, 영적 문제뿐만 아니라 육체적인 질병 또한 인간의 실존을 마구 흔들어놓고 있었습니다. 때문에 예수님의 마음은 고통과 슬픔으로 가득 차 있었습니다.

성경에 나타난 하나님과 예수님이 행하신 기적을 살펴보면, 두 가지 사실을 발견할 수 있습니다. 하나는 인간이란 곤궁한, 불쌍한 존재라는 사실입니다. 인간의 역사는 억압의 역사였기 때문입니다. 다른 하나는 그 역사 속에 하나님의 긍휼과 사랑, 인간을 자유하게 하시는 하나님의 넘치는 축복이 있다는 것입니다. 그래서 예수님은 기적을 거절하시면서도, 인간이 당하는 고난과 고통에 가슴 아파하며 기적을 행하셨던 것입니다.

예수님이 보여주신 기적은 현실 세계에 대한 도전이자 저항이라고 할 수 있습니다. 또한 인간을 향한 하나님의 사랑을 쏟아붓는 사건입니다. 비뚤어지고, 악하고, 음란하며 질병으로 고통당하고 억압받는 현실, 즉 인간을 못살게 구는 사탄의 세력을 쳐부수는 것이 예수님의 기적입니다. 그리고 오늘도 우리에게 이 기적을 경험하는 자리로 나아갈 것을 요청하고 계십니다. 하나님의 기적을 경험하도록 우리를 초청하십니다.

예수님을 놓치지 않았던 맹인

예수님에 대한 소문이 온 유대와 사방에 퍼졌습니다. "저분이 메시아인가 봐. 저분이 우리의 불쌍함을 받아주시는 분인가 봐." 사람들은 예수님을 뒤따랐습니다. 그중 여리고에 살던 한 맹인도 예수님이 그 지방에 오신다는 소식을 듣게 되었습니다. 절체절명의 순간입니다. 다시 오지 않을 단 한 번의 기회일지도 모릅니다. 마가복음은 맹인이면서 거지였던 이 사람이 바디매오라고 말합니다. 그는 예수님이 들으시도록 소리 내서 외치기 시작합니다.

다윗의 자손 예수여 나를 불쌍히 여기소서 누가복음 18:38

목소리에 모든 힘을 더했습니다. 자기의 실존 전체, 생명 전체를 걸고 외칩니다. 그 외침에는 두 가지 중요한 사실이 담겨 있습니다. 하나는 '다윗의 자손 예수'입니다. 다윗의 자손이란 곧 '메시아'라는 뜻입니다. 그는 다윗의 자손에서 메시아가 나올 것이란 구약의 말씀을 알고 있었던 것인지 예수님을 간절히 부릅니다. "당신이 메시아입니다. 당신이 이 세상을 구원할 자이고, 나를 구원하실 분입니다." 그는 거기에 모든 것을 걸었습니다. 그리고 또 하나, 자신의 처지를 절실히 토로했습니다. 바로 이 절실함이 예수님의 마음을 붙잡았습니다. "나를 불쌍히 여기소서. 나를 긍휼히 여기소서. 내 실존을 당신께서 아시지 않습니까? 내가 얼마나 고통스럽습니까?"

이 맹인은 아무에게도 관심받지 못하던 사람이었습니다. 아무 일도 할 수 없어서 그냥 하루하루 구걸하며 비참히 살던 존재였습니다. 그는 어느 누구에게도 용납받아 본 적이 없었습니다. 외치는 소리에 사람들은 맹인을 엄하게 꾸짖습니다. "야, 조용히 해! 시끄러우니 떠들지 마. 좀 잠자코 있어라."

가난한 사람들이 입는 피해가 무엇일까요? 장애인들이 겪는 어려움이 무엇일까요? 물질의 부족일까요? 그럴 것입니다. 질병의 고통일까요? 맞을 것입니다. 그러나 그보다 더 큰 아픔은 아무도 자신을 인정해주지 않는다는 것입니다. 이 세상에서 거부당하고 있다는 고통과 외로움, 그 안에서 비롯된 절망감, 그리고 어쩌면 '내가 존재하는 것조차 무의미하다'는 자괴감이 가장 큰 아픔일 것입니다.

이 맹인도 같은 심정이었을 것입니다. 하지만 그는 더 이상은 이대로 살고 싶지 않았습니다. 자기의 실존 전체가 걸린 일이었기 때문입니다. 그래서 그는 더욱더 소리를 크게 내어 예수님을 부릅니다. "다윗의 자손 예수여, 나를 불쌍히 여기소서!"

믿음이란 무엇일까요? 자기의 실존 전체를 거는 것이 믿음 아닐까요? 신앙이 무엇일까요? 내 인생 전체를 걸고, 내 몸 전부를 걸고 예수님을 나의 주님으로 고백하며 하나님을 믿겠다고 하는 것 아닐까요?

맹인을 보신 예수님은 그에게 다가서십니다. 그 모습 그대로, 그를 받으십니다. 용납하십니다. 그의 마음을 채워주고 문제를 해결해주기를 원하십니다. 그가 믿음을 가지고 예수님께 다가 왔기 때문입니다. 예수님은 그에게 물으십니다.

> 네게 무엇을 하여 주기를 원하느냐 이르되 주여 보기를 원하나이다 누가복음 18:41

예수님은 그의 문제를 받으셨습니다. 그리고 물으십니다. "네가 네 문제를 알고 있지? 네가 원하는 것이 무엇인지 알고 있지? 네 스스로 문제를 확인하고, 그 문제를 내게 맡기는 것 맞지?"

예수님은 그에게 다가가실 때 물으셨고, 말씀하셨고, 만지셨습니다. 그리고 그가 예수님과 함께 서기를 원하셨습니다. 예수님의 물음 속에는 이런 뜻이 담겨 있습니다. "내가 너의 심정을 안다. 내가 네 편이다. 내가 너와 함께하겠다. 네 믿음을 그대로 받아들이겠다. 그런데 지금 한 가지 확인할 것이 있는데, 너도 네 편이 되어야 한다. 너도 네가 얼마나 소중한 존재인지를 받아들여라. 너 자신에 대한 믿음을 가져라. 자기 자신에 대한 자부심을 지녀라. 다른 사람이 너를 싫어하고, 너를 거부한다 하더라도 너는 너를 싫어하고, 너를 거부하지 마라. 타인이 너를 이해하지 못하고 욕하는 것도 서러운데, 네가 너를 욕되게 한다면 네가 어떻게 존재할 수 있겠느냐?" 그리고 뒤이어 이렇게 물으신 것입니다. "네가 내게 원하는 것이 무엇이냐?"

지금 이 순간, 예수님이 나에게 다가오셔서 "너는 내게 원하는 것이 무엇이냐?"라고 물으신다면, 대답할 말이 준비되어 있습니까? "그동안 생각을 안 해봤는데, 오늘 저녁까지 기다려주시면 안 될까요?" 혹은 "일주일 동안 고민 좀 해보겠습니다"라고 한다면 하나님이 들어주실까요?

맹인에게는 주님이 물으시면 언제든지 대답할 소원이 있었습니다. 눈을 떠 보는 것, 그것이 바로 그의 절실한 소원이었습니다. 자신의 실존을 걸고 "이것이 내 인생의 무거운 짐입니다. 이것이 나를 억압했습니다. 이것이 내 인생을 막고 있었습니다. 하나님, 도와주세요. 예수님, 저의 이 문제를 받으시고 응답해주세요"라고 대답할 수 있었습니다.

기적을 맛보는 삶을 꿈꾸라

예수님은 기적을 베푸시며 '네 문제를 내 앞에 다 내려놓고 네가 얼마나 소중한 존재인지 스스로 확인하라'고 가르치십니다. 그러므로 예수님의 기적은 당신 자신을 높이시려는 것이 아니라 우리를 높여주시려는 사건입니다. 예수님은 우리에게 이렇게 말씀하십니다.

> 예수께서 그들에게 대답하여 이르시되 하나님을 믿으라 내가 진실로 너희에게 이르노니 누구든지 이 산더러 들리어 바다에 던져지라 하며 그 말하는 것이 이루어질 줄 믿고 마음에 의심하지 아니하면 그대로 되리라 그러므로 내가 너희에게 말하노니 무엇이든지 기도하고 구하는 것은 받은 줄로 믿으라 그리하면 너희에게 그대로 되리라 마가복음 11:22-24

성경은 산에게 "바다에 던져지라!"라고 말한 후 하나님이 그것을 해주실 것을 믿고 의심하지 아니하면 그대로 된다고 말하고 있습니다. 산처럼 우리를 억누르는 것이 무엇입니까? 마음속에 맺힌 응어리들이 무엇입니까? 내 육체를 아프게 하고, 내게 고통을 주는 것이 도대체 무엇입니까? 바로 그 문제를 하나님께 맡기고, 예수의 이름으로 선포하라는 것입니다.

아침마다 일어나서 "내 속에 이런 무거운 산이 있습니다. 내가 이 산을 바다에 던지겠습니다. 영적으로, 정신적으로 나를 괴롭히는 이 산을 바다에 내던지겠습니다. 내 육체를 아프게 하는 것, 내 안에서 나를 쏘는 것들을 바다에 던지겠습니다"라고 예수님의 이름으로 선포하라는 것입니다.

그리고 예수님을 믿으십시오. 하나님을 사랑하십시오. 기적보다 더 크신 하나님, 내 믿음과 사랑의 주인이신 예수님께 모든 문제를 맡기고 우리에게 주신 삶을 주님과 함께 새롭게 열어가십시오. 그렇게 기적을 맛보고 누리면서 살아가는 것이 하나님 자녀들의 모습입니다.

이 놀라운 특권을 누리며 주님 앞에 사랑으로 나아갈 때, 주님은 아마 우리에게 이렇게 말씀하실 것입니다. "네 믿음이 너를 구원하였다. 네 믿음이 너를 치유했다. 네 믿음이 너를 회복시켰다."

prayer

믿는 자에게 기적을 허락하시는 하나님, 우리가 무거운 짐을 홀로 지고 넘어질 때, 주님은 우리에게 "수고하고 무거운 짐을 내게 맡기라"고 말씀하십니다. 산과 같은 문제들을 주님의 이름으로 바다에 던지라고 말씀하십니다. 이제 그 말씀을 내 중심에 두고, 주님과 함께 기적을 경험하는 기쁨을 누리게 하옵소서. 예수님의 마음을 품고 기적의 삶을 살아가게 하옵소서.

우상

거짓 신들에게는
평안이 없다

썩어지지 아니하는 하나님의 영광을 썩어질 사람과 새
와 짐승과 기어다니는 동물 모양의 우상으로 바꾸었느
니라 로마서 1:23

하나님의 자리를 빼앗는 거짓 신들

하덕규라는 가수가 있습니다. 그는 예수님을 믿고 〈가시나무〉라는 노래를 만들었고, 나중에 목사가 됩니다. 이 노래는 하나님 없는 실존의 흔들림을 보여주었습니다. 자기 안에 가시나무와 같이 찢기는 아픔이 있다는 내용입니다. 가사는 이렇습니다.

내 속엔 내가 너무도 많아 당신의 쉴 곳 없네
내 속엔 헛된 바람들로 당신의 편할 곳 없네
내 속엔 내가 어쩔 수 없는 어둠 당신의 쉴 자리를 뺏고
내 속엔 내가 이길 수 없는 슬픔 무성한 가시나무 숲 같네
바람만 불면 그 메마른 가지 서로 부대끼며 울어대고
쉴 곳을 찾아 지쳐 날아온 어린 새들도 가시에 찔려 날아가고
바람만 불면 외롭고 또 괴로워 슬픈 노래를 부르던 날이 많았는데

내 속엔 내가 너무도 많아서 당신의 쉴 곳 없네

아주 애절한 가사입니다. 내 속에 내가 너무 많아 참된 정체성을 찾기 어렵다고 합니다. 하나님 없는 차고 시린 날들, 마치 수많은 가시나무에 둘러싸인 것 같은 날들 속에서 상처받은 자기의 실존을 고백합니다. 여기에 나타난 '당신'이란 나의 참 자아상일 수도 있고, 이웃일 수도 있고, 하나님일 수도 있습니다. 결국 내 안에 내가 너무 많아 내 자신도 내 안에서 쉴 수 없고, 하나님도 내 안에서 쉴 곳을 찾지 못하신다는 안타까운 고백입니다.

이 세상에 내 자아를 흔드는 신들이 얼마나 많습니까? 나를 미혹하는 신들, 내 안에 하나님을 모실 수 없게 만드는 거짓 우상들까지 거짓 신들이 우리 삶 곳곳에 숨어 있습니다.

거짓 신으로 가득한 세상

우리는 어떤 분야에 능통한 사람을 전문가라고 합니다. 특정 분야에 특출한 사람을 달인이라 표현하기도 하고, "신의 경지에 이르렀다"고 말하기도 합니다. 그래서 성공한 사람들을 공부의 신,

직장의 신, 예능의 신, 소리의 신, 연기의 신이라고 예찬합니다. 뛰어난 운동선수를 농구의 신, 축구의 신이라 명명하고, 먹기를 탐하는 사람에게 식신이라는 이름을 붙여주기까지 합니다.

요즘 아이돌 가수 중에 인피니트INFINITE라는 그룹이 있습니다. '무한한 존재'라는 뜻입니다. 동방에서 신이 일어난다는 뜻인 동방신기東方神起라는 그룹도 있습니다. 예전에 한참 활동했던 god라는 그룹도 있습니다. 여기에 무슨 뜻이 담겨 있는 것일까요? 신들이 지상에 내려와 우리를 위로해주고 즐거움과 쾌락을 준다는 것입니다. 인간이 얼마나 신을 그리워하는지 보여주는 단적인 예라 할 수 있습니다. 어쩌면 영원을 사모하는 인간이 하나님을 만나지 못해서 '짝퉁 하나님'을 만든 것일지도 모릅니다.

몇 년 전, 영국의 무신론자들이 버스에 이런 광고를 써 붙였습니다. "There is probably no God. Now stop worrying and enjoy your life(아마도 하나님은 안 계실 거야. 그러니 근심은 그만하고 네 인생을 즐겨라)." 그러자 무신론자들의 광고에 대항하는 또 다른 광고가 떴습니다. "There is God. BELIEVE. Don't worry and enjoy your life(하나님은 계시다. 믿어라! 그리고 걱정하지 말고 네 인생을 즐겨라)."

무신론자들에게는 정말 하나님이 없는 걸까요? 아닙니다. 그들도 수많은 신들을 자기 안에 만들며 살고 있습니다. 하나님 없이 사는 것이 아니라, 하나님을 대신할 다른 신들을 여기저기 만들어놓고 사는 것입니다.

우리의 삶은 어떻습니까? 우리는 참된 하나님을 믿고 있는 걸까요? 하나님을 믿는다고 하지만, 수많은 거짓 신과 짝퉁 하나님에게 붙잡혀 살고 있지는 않습니까? 그것들이 내 속에서 참 하나님을 대행하고 있지 않습니까? 어떻게 확인할 수 있을까요? 무익한 거짓 신을 향해 나 자신을 열어놓고 살고 있는지, 온전히 하나님만을 신뢰하며 살고 있는지 어떻게 알 수 있을까요?

한번 스스로를 잘 살펴보십시오. 어떤 주제의 이야기에 갑자기 열을 내고 이성을 잃어버린 것처럼 큰소리치며 행동하지는 않는지. 나의 관심을 사로잡고, 열정과 에너지를 쏟게 하는 대상이 떠올랐다면 그것이 나를 붙잡고 있는 것입니다. 그것이 나의 거짓 신일지도 모릅니다. 또 내 시간과 돈을 어디에 제일 많이 쓰고 있는지 점검해보면 알 수 있습니다. 음식입니까? 쇼핑입니까? 오락입니까? 운동경기입니까? 아니면 자녀를 돌보는 데입니까? 바로 거기에 우리를 붙잡는 신이 있습니다. 우리의 육체를 만족시키는 신들이 거기 있습니다.

인간의 욕망과 욕구가 나쁜 건 아닙니다. 오히려 소중한 것입니다. 문제는 이것들에 사로잡힐 때입니다. 내 인생의 기초를 욕망에 둘 때 위험해집니다. 욕망과 욕구가 우상이 되어 나를 노예처럼 부릴 때, 우리는 길을 잃고 맙니다.

혹시 '그것만 있으면 모든 것이 잘될 텐데……'라는 대상이 있습니까? 그것이 무엇입니까? 돈입니까? 아니면 권력이나 명예입니까? 바로 그것이 우리의 우상입니다. 어느 날 그것은 "나만을 섬기라!"고 속삭이며 우리에게 다가올 것입니다. 자신에게 몰두하도록 우리를 중독자처럼 만들려고 할 것입니다. 신적인 마력으로 우리 삶을 사로잡을 것입니다.

모든 것이 신神이 되어가다

인간의 육적인 즐거움으로 보통 세 가지를 꼽습니다. 첫 번째는 음식입니다. 잘 먹는 건 축복입니다. 입맛이 생긴다는 건 건강하다는 증거이며, 잘 살고 있다는 증표입니다. 그런데 먹는 이야기만 나오면 마냥 즐거운 사람들이 있습니다. 미식가를 넘어 탐식가 수준에 도달했습니다. 만약 매일 다이어트를 걱정해야 할 정도로 음식에 대한 관심이 깊으면, 음식이 내게 신처럼 되었다는 의미입니다.

두 번째는 섹스입니다. 요사이 젊은이들 중 상당수가 결혼 전 동거 생활에 찬성한다고 합니다. 미리 살아봐야 평생을 함께 살지 알 수 있다고 말합니다. 요즘은 어느 곳을 가든 성을 사고파는 광고 전단지가 붙어 있습니다. 인터넷에 접속하고 핸드폰을 켜기만 하면, 성을 마음대로 사고파는 것을 목격할 수 있습니다. 섹스가 이 시대의 신으로 다가와 있는 것입니다.

세 번째는 오락입니다. 누군가 이런 말을 했습니다. "스포츠를 좋아하는 것은 마치 신흥 종교의 교주를 섬기는 것과 같다." 야구, 축구, 농구, 골프 등을 좋아하는 사람들은 똑같은 유니폼을 입습니다. 선수들의 프로필도 꿰고 있습니다. 그뿐만이 아닙니다. 우리가 예배드리며 하나님을 찬양하듯, 그들은 모일 때마다 목이 터져라 선수들을 응원합니다. 그것도 두 시간, 세 시간을 말입니다.

매일 영화를 보지 않으면 안 되는 사람들도 있습니다. 최근 관객수 기록을 보니, 무려 한 달에 2000만 명 이상이 영화를 본다고 합니다. 놀랍지 않습니까? 이제 1000만 명 이상의 관객을 끌어들이는 영화가 심심찮게 나오고 있습니다. 게임 중독은 어떤가요? 부모와 눈도 마주치지 않고, 심지어 먹지도 않고 게임에만 빠져 있습니다. 중·고등학생들뿐 아니라 대학생들도 마찬가지입니다. 강의 시간에 노트북을 켜놓고 게임을 합니다. 도서

관에서도 게임을 합니다. 게임에만 자신의 시간과 열정 등 모든 것을 쏟아부으며 다른 사람과는 단절합니다. 가족과 단절하고, 친구들에게서도 소외되는 삶을 자처합니다.

우리의 가정은 어떤가요? 누군가 "많은 현대인들은 각자 가정 안에 하나씩 신을 섬기고 있다"라고 말했습니다. 바로 'TV 신'입니다. 하루에도 몇 시간씩 TV 보는 데 몰두합니다. TV는 가정의 정중앙에 놓여 있습니다. 거실의 모든 의자들이 어디를 향해 놓여 있는지 떠올려볼까요? TV를 향해 놓여 있지 않습니까? 내가 어느 쪽에 앉든지 항상 TV를 바라보게 되어 있습니다.

이러한 상황은 육체적인 영역뿐만 아니라 정신적인 영역에서도 마찬가지입니다. 돈과 재물의 신, 명예와 권력의 신을 향해 우리는 얼마나 열심히 모든 것을 쏟아붓고 있습니까? 성공의 신, 성취의 신을 바라보며 달려가지 않나요? 꿈꾸던 것을 이루어, "보라! 나처럼 잘난 사람 있는가?"라고 소리쳐보고 싶지 않습니까? 그러다가도 실패하면 낙담하고 죄의식과 열등감 속에서 헤어나지 못합니다. '저놈 때문에 이렇게 되었다!'라고 미움과 분노라는 또 다른 우상을 만들어 그 안에 갇혀 비참하게 살아가고 있는 건 아닐까요?

이뿐 아닙니다. '가족의 신'도 판을 칩니다. 내가 이루지 못한 것을 내 아들과 딸에게 강요하며 끊임없이 교육시킵니다. 내 바람을 자식들에게 투영하는 것입니다. 어떤 어머니는 이렇게까지 이야기합니다. "나와 내 아들 사이에 어떤 것도 끼어들 수 없다. 내 남편도 여기에는 못 들어온다. 내 딸도, 친구도 여기에 들어올 수 없다. 아니, 하나님마저 내 아들과 나 사이에 끼어들어서는 안 된다." 이것이 신이 아니고 무엇입니까?

자녀란 어릴 때는 부모가 보살피고 돌봐야 할 존재이지만, 그들이 성인이 되면 부모는 꽉 잡은 손을 풀고 자녀가 자립하도록 놔둬야 합니다. 그것이 자녀들이 자기답게 살도록 돕는 길입니다. 자기 인생을 스스로 살아갈 수 있도록 이끌어주는 것이 부모의 올바른 교육입니다. 그렇지 않으면 내 아들이 신이 되고, 내 딸이 신이 됩니다.

거짓 신을 찾는 이유

사도 바울은 이미 2000년 전부터 우리의 이런 모습을 예견했습니다.

> 썩어지지 아니하는 하나님의 영광을 썩어질 사람과 새와 짐승과 기어 다니는 동물 모양의 우상으로 바꾸었느니라 로마서 1:23

하나님을 알되 하나님을 영광스럽게 하지도 감사하지도 않고, 하나님을 피조물 중 하나로 바꾸었다는 말입니다. 이것은 형태만 다를 뿐 오늘날 우리에게도 똑같이 나타납니다.

우리는 왜 참된 하나님을 거절할까요? 세상의 수많은 사람들, 아니 예수님을 믿는 우리조차 왜 거짓된 신들을 향해 달려가려고 하는 것일까요? 여기에는 몇 가지 이유가 있습니다.

1. 불안하기 때문이다

첫째는 불안하기 때문입니다. 그래서 무언가 안정감을 찾아보려고 애를 쓰는 것입니다. 거짓 신들은 잠깐의 위로와 안정감, 그리고 쾌락을 우리에게 줄 수 있습니다. 사람들은 그것에서 위로를 받을 수 있습니다. 하지만 거기에 참된 위로가 있던가요? 우리에게 정말 평안을 주던가요?

예수님이 주시는 평안은 차원이 다른 평안입니다. 예수님은 우리에게 참 평안을 주시겠다고 약속하셨습니다.

> 평안을 너희에게 끼치노니 곧 나의 평안을 너희에게 주노라 내가 너희에게 주는 것은 세상이 주는 것과 같지 아니하니라 너희는 마음에 근심하지도 말고 두려워하지도 말라 요한복음 14:27

"내가 주는 평안은 세상이 주는 평안과 다른 것이다. 나는 너희에게 영원한 평안, 하늘로부터 오는 평안을 주니 근심하거나 걱정하지 말고 인생을 살아가거라"라고 예수님은 우리에게 요청하십니다.

2. 공허함을 달래고 싶기 때문이다

우리가 거짓 신들을 향해 달려가는 두 번째 이유는 마음이 허전하기 때문입니다. 허전한 마음을 채워줄 그 무언가를 찾기 위해 여기저기 헤매고 다닙니다. 그 만족감이 일시적이라도 상관없다는 듯 허전함을 채우는 데에만 급급합니다. 하지만 그것으론 우리의 빈 마음을 채울 수 없습니다. 거짓 신이 주는 순간적 즐거움을 내 인생의 기반으로 삼으면 우리는 무너지고 말 것입니다. 그리고 다시 방황하게 될 것입니다.

> 여호와로 인하여 기뻐하는 것이 너희의 힘이니라 느헤미야 8:10

힘과 능력을 원한다면, 먼저 하나님을 기뻐하라고 말씀하십니다. 하나님이 우리의 힘이고 능력이시기 때문입니다. 하나님이 우리의 모든 것 되시기 때문입니다.

3. 열등감을 덮고 싶기 때문이다

세 번째 이유는 우리 마음이 열등감으로 응어리져 있기 때문입니다. 이것도 해보고 싶고, 저것도 갖고 싶고, 세상에서 성공해서 성취감도 누려보고 싶은 이유는 결국 사람들에게 인정받고 싶어서입니다. 내 안의 열등감으로부터 벗어나고 싶어서입니다. "나 이런 사람이야. 내가 이런 존재야. 전부 내 능력으로 이룬 거야"라고 과시하려는 마음이 우리 안에 있습니다.

물론 그런 것들이 우리의 자존감을 잠깐은 높여줄 수 있습니다. 하지만 우리 영혼의 깊은 곳에서부터 비롯되는 참된 자존감은 하나님만이 주실 수 있습니다.

> 자기 아들을 아끼지 아니하시고 우리 모든 사람을 위하여 내주신 이가 어찌 그 아들과 함께 모든 것을 우리에게 주시지 아니하겠느냐 로마서 8:32

자기 아들을 아낌없이 내어주신 하나님이 당신의 모든 것을 우리에게 선물로 주겠다고 하십니다. 나를 얼마나 사랑하시는지 자기 아들까지 아낌없이 내어주시고, 이제는 자신의 모든 것을 우리에게 주시겠다니, 이것이 복음이 아니고 무엇입니까? 이것이 우리가 하나님을 믿는 이유가 아니겠습니까? 풍파가 일고 바람 잘 날 없는 이 세상에서 우리가 이겨낼 수 있는 힘이 아닙니까? 이것이 우리의 자존감의 근원이 아니겠습니까?

우리 하나님은 어떤 분인가요? 다른 신들과 경쟁하시는 하나님이 아닙니다. "모든 신들 중에 내가 최고의 신이다!"라고 말씀하시는 하나님이 아닙니다. 하나님은 어떤 신과도 비교할 수 없는 분입니다. 하나님 아닌 다른 모든 것은 거짓 신, 곧 우상일 뿐입니다. 헛된 것, 사라질 것, 그저 피조물에 불과한 것입니다. 우리 하나님만이 영원하시고, 생명이시며, 거룩하시고, 창조주가 되십니다. 바로 그 하나님을 나의 하나님으로 섬기라고 주님이 우리에게 요청하십니다.

하나님을 사랑할 때 온전해진다

하나님이 우리에게 삶을 허락하심은 시시껄렁한 거짓 신을 좇아 살라는 것이 아닙니다. 내 인생을 거짓 신들, 우상에게 쏟아붓지 말라고 분명히 말씀하셨습니다. 아니, 명령까지 하셨습니다. 우리는 하나님을 사랑하는 존재로 이 땅에 왔습니다. 하나님을 사랑해야 온전해지는 존재로 이 땅에 태어났습니다. 먼저 하나님을 사랑하고 섬겨야 합니다. 하나님을 내 인생의 기초로 삼아야 합니다. 그런 자에게 하나님이 주시는 복이 있습니다. 바로 하나님이 허락하신 이 모든 세계를 누리는 복입니다.

> 내가 주는 물을 마시는 자는 영원히 목마르지 아니하리니 내가
> 주는 물은 그 속에서 영생하도록 솟아나는 샘물이 되리라
>
> 요한복음 4:14

하나님의 말씀을 깨닫게 되면 우리 영혼이 기쁨으로 뛰놀며 우리에게 주어진 모든 것을 하나님의 선물로 받게 됩니다. 내게 주어진 음식을 마음껏 즐길 수 있습니다. 가정에서 부부 관계, 부모·자녀 관계의 복을 누리게 됩니다. 내게 주어진 모든 것에 감사하며 삶을 꾸려갈 수 있습니다. 그림도 그릴 수 있고, 음악과 스포츠도 즐길 수도 있습니다. 이것이 바로 하나님이 우리에게 주신 참된 축복입니다.

주님은 우리에게 말씀하십니다. "얘야, 다른 사람의 모양을 따라서 살려고 하지 마라. 너답게 살아라." '너답게' 산다는 게 무엇입니까? 하나님의 아들답게, 하나님의 딸답게 살라는 것 아닐까요? 거짓 신에게 끌려가며 종노릇하지 말고, 하나님의 자녀답게 하나님을 사랑하고 즐거워하며 하나님이 주신 모든 선물을 누리며 살라는 것 아닐까요?

하나님이 우리에게 주신 명령은 바로 이런 것입니다. 거짓 신의 명령은 사람을 억압하고 옥죄는 명령이지만, 하나님의 명령은 우리를 자유롭게 하는 명령입니다. 우리로 하여금 더 큰 축복을 누리게 하는 명령입니다. 이제 우리는 참 신이신 하나님만을 사랑하며, "하나님, 내게 주신 이 모든 축복에 감사드립니다"라고 감사로 고백하는 삶을 살면 됩니다. 그리고 그 감사함으로 하나님이 주신 인생을 누리며 살아가면 됩니다.

prayer

하나님 아버지, 주님만이 나의 생명, 나의 사랑, 나의 소망이 되십니다. 이제 내 안의 거짓 신들을 버리고, 살아 계신 하나님을 사랑하고 하나님만을 즐거워하며, 내게 맡겨주신 삶의 순간순간을 기뻐하며 살아가게 하옵소서. 주님이 내 안에, 내가 주님 안에 살게 하옵소서.

THEME 05
대속

예수님이 나를 대신하셨다

그리스도의 사랑이 우리를 강권하시는도다 우리가 생각하건대 한 사람이 모든 사람을 대신하여 죽었은즉 모든 사람이 죽은 것이라 그가 모든 사람을 대신하여 죽으심은 살아 있는 자들로 하여금 다시는 그들 자신을 위하여 살지 않고 오직 그들을 대신하여 죽었다가 다시 살아나신 이를 위하여 살게 하려 함이라 고린도후서 5:14-15

죽음을 기억하는 삶

고대 헬라의 철학자인 플라톤이 죽음을 앞두었을 때의 일입니다. 한 친구가 그를 찾아와 물었습니다. "그대의 필생 역작인 《대화》를 한마디로 요약하면 뭐라고 하겠는가?" 플라톤은 한참 동안 생각에 잠기더니 이렇게 대답했습니다. "죽음을 연습하는 거라네."

후대의 철학자들은 플라톤의 이 말을 '죽음이란 늙은 사람에게나 젊은 사람에게나 동일하게 가까이 다가오고 있다'라는 뜻으로 이해했습니다. 그래서 하루하루를 인생의 마지막 날인 것처럼, 오늘이 내 인생의 마지막인 것처럼 살아야 한다고 가르쳤습니다.

우리가 매일 자신의 장례식을 치를 줄 안다면, 내가 살아 있는 오늘 이 순간이 얼마나 소중하고 복된지 날마다 깨달을 수 있을 것입니다. 어제로 인생의 마지막을 경험한 이들이 그토록 살고 싶어 한 하루가 지금 우리가 살고 있는 오늘이니 말입니다.

고대 기독교 교부敎父 중 아주 의연한 태도로 살아가던 한 사람이 있었습니다. 어느 날 그의 제자가 그에게 물었습니다. "선생님은 하루하루가 불안하지 않으십니까? 어떻게 불안한 기색이 없으십니까?" 그러자 그가 이렇게 대답했습니다. "나는 매일 나의 죽음을 눈앞에 두고 있기 때문이라네."

지혜의 원천이 어디에 있습니까? 기쁘게 사는 비결이 어디에 있습니까? 그것은 곧 죽을 수밖에 없는 자신의 운명을 인식하는 데 있습니다. 날마다 인생이 연장되는 것이 아니라, 오늘이 내 삶의 마지막인 것처럼 여길 때 삶을 귀하게 바라볼 수 있습니다. 종말론적인 시각으로 우리 삶을 바라볼 때 보다 충만한 삶이 이루어지는 것입니다. 아마 하루하루가 복된 삶으로 채워질 것입니다.

모든 고통을 몸소 겪으시다

죽음이란 무엇일까요? 별것 아닌 것, 아무것도 아닌 것일까요, 아니면 그냥 흘러가는 삶의 과정일 뿐일까요? '편하게 살다가 죽으면 죽는 거지 뭐'라고 치면 끝일까요?

죽음이란 결코 인생의 한 과정이 아닙니다. 죽음 안에 인간의 총체적인 부정, 총체적인 허무, 총체적인 절망, 총제적인 고난이 들어 있기 때문입니다. 인간이 느끼는 슬픔과 탄식, 좌절을 비롯한 모든 무거운 짐이 죽음 안에 들어 있습니다. 인간이 가장 두려워하는 불안은 존재론적 불안입니다. '나'라는 존재가 어느 날 한 줌의 흙으로 되돌아갈 것에 대한, 다시 말해 죽음에 대한 불안이 우리의 삶을 끊임없이 괴롭힙니다.

불교의 종교적 탁월성은 생로병사의 고통을 깊이 꿰뚫는 데 있습니다. 불교에서 말하는 '해탈'이란 삶의 질긴 고난의 인연들을 끊어버리는 것입니다. 이를 위해 면벽(面壁)하고 도를 닦기도 합니다. 그런데 문제가 있습니다. 이는 인간의 고통뿐만 아니라 기쁨마저 포기하게 만들기 때문입니다. 인간이 지닌 감성에서 오는 다양한 감정의 흔들림마저 다 잘라버립니다. 그래서 지금 겪고 있는 고통과 고난으로부터 도피하려고 합니다. 결국 불교의 최고 목표라는 해탈의 경지에 이르는 과정에는 비인간적인 면이 있습니다.

반면 예수님은 어떨까요? 예수님의 생애는 비천함과 비애로 가득 차 있습니다. 예수님은 엄청난 고난을 스스로 지시고 경험하신 분입니다. 인간이 당하는 삶의 위기를 결코 외면하지도 않으셨습니다. 인간이 겪는 슬픔, 외로움, 아픔, 인간의 탄식과 절망의 고통을 있는 그대로 받아들이셨습니다.

사실 예수님만큼 마음 깊이 상처를 입은 사람이 또 어디 있을까요? 예수님은 자신을 뒤따르던 사람들에게 배척당하셨습니다. 예수님은 율법의 전문가라고 자부하던 바리새인들과 서기관들에게 고발당하며 고난을 겪으셨습니다. 3년 동안이나 동고동락했던 제자 가룟 유다와 목숨을 걸고 자신을 지켜주겠다던 제자 베드로에게서도 철저히 배신당하셨습니다.

예수님의 삶은 고독했고 절망적이었습니다. 적대자들의 야유와 조롱 속에 갇힌 삶이었으며, 모욕과 저주를 받는 삶이었습니다. 예수님은 당시 가장 비참한 형틀인 십자가에 못 박히셨습니다. 바로 이 십자가 죽음이 예수님이 당하신 고난의 정점이었습니다.

십자가에 달리신 예수님은 마지막 순간, 하나님 앞에 당신의 아픔을 이렇게 토로하셨습니다. "나의 하나님, 나의 하나님, 어찌하여 나를 버리셨습니까?" 예수님은 버림받았다는 깊은 절망 가운데 절규하셨습니다. 그러나 하나님마저도 아들의 고통을 외면하셨습니다.

모든 고통을 먼저 겪으시다

기독교 신앙의 출발은 예수님의 고난과 부활입니다. 가장 비참하게 죽은 그 예수를 우리는 주님으로 고백합니다. 그분이 하나님의 아들이심을 믿습니다. 이 땅에서 가장 처참한 죽음을 당하신 그분이 왜 우리의 주님이 되셨을까요? 왜 우리가 그분을 예배하고, 우리 삶을 그분께 드리는 것일까요? 그분의 고난 속에 나의 고난이 들어 있기 때문입니다. 그분의 죽음 속에 나의 죽음이 들어 있습니다. 그분의 슬픔 속에 나의 슬픔이 있고, 그분의 외로움 속에 나의 외로움이 있습니다.

성경은 이 사실을 "한 사람이 모든 사람을 대신하여 죽었다"라고 말합니다. 한 사람이 죽었는데 나도 그 안에서 죽었다는 말이 도대체 무슨 뜻입니까?

세상에는 많은 정치가들이 있습니다. 그중에는 독재자도 있습니다. 또 세상에는 많은 위인들과 성인聖人들도 있습니다. 이들의 차이가 무엇일까요? 독재자는 '나 한 사람을 위해 모두가 희생하라'는 자세를 취합니다. 히틀러가 그랬고, 스탈린이 그랬고, 저 북한의 지도자들이 그렇습니다. 자기의 정치 생명을 이어가기 위해 수단과 방법을 가리지 않고, 백성을 억압하고 억누릅니다.

우리가 독재자를 싫어하는 이유가 여기 있습니다. 자기 혼자 권력을 행사하기 위해 다른 모든 이들을 억압합니다. 그로 인해 수많은 사람들이 아파하고 신음합니다. 역사가 이를 증명합니다. 그러나 위인과 성인은 다릅니다. 그들은 수많은 사람들을 위해 자기 자신을 내어놓습니다. 자신을 희생하며 다른 이들에게 길이 되어줍니다.

지도자가 된다는 건 어떤 의미일까요? 공동체를 위해 쓰임을 받는다는 뜻 아닐까요? 다른 사람을 살리기 위해서 내가 죽는다는 뜻 아닐까요? 다른 사람이 복 받게 하기 위해서 내가 고난을 받겠다는 뜻 아닐까요? 다른 사람을 세우기 위해 내 아픔도 불사하겠다는 자세를 지닌 사람이 지도자입니다. 그 사람이 위인이고, 복 받은 하나님의 사람입니다.

세상에는 많은 위인들이 있습니다. 과학자 중에도 위인이 있고, 교육자와 예술가 중에도 위대한 성인이 있습니다. 소크라테스, 석가모니, 공자 등 그들은 자기 분야에서 많은 이들에게 스승으로 추앙받으며 빛이 되었습니다. 그렇다면 예수님은 어떠신가요? 우리가 주님으로 고백하는 예수님, 그분은 그들과 무엇이 다른 걸까요?

예수님은 그들보다 한 걸음 더 나아간 분입니다. 아니, 한 걸음이 아니라 상상할 수 없는 도약을 한 분입니다. 그리고 우리를 그 자리로 초청하셨습니다. 예수님은 모든 사람을 위해 쓰임받으셨고, 모든 사람을 위해 희생당하셨으며, 나아가 모든 사람을 위해 죽임당하셨습니다. 그러나 이 길은 타의에 의한 길이 아니었습니다. 자발적인 고난의 길이었습니다. 자신이 직접 십자가의 길, 그 고난의 길을 자처하셨습니다. 생명을 걸고 걸으신 길, 그 길 위에 예수님이 서 계십니다.

> 인자가 온 것은 섬김을 받으려 함이 아니라 도리어 섬기려 하고
> 자기 목숨을 많은 사람의 대속물로 주려 함이니라 마가복음 10:45

예수님이 십자가의 길을 가면서 제자들을 부른 후, 그들에게 남기신 말씀입니다. "나는 다른 사람에게 섬김을 받으러 온 것이 아니라 다른 사람을 섬기기 위해, 그들을 높여주기 위해서 이 땅에 왔노라." 이 인류를 위해 그리고 자신의 목숨을 대속물로, 하나님 앞에 바치는 제물로 드리기 위해 이 땅에 왔다고 하십니다. 우리를 살리기 위해 대신 죽으셨고, 우리가 노래 부르도록 대신 탄식하셨으며, 우리가 기뻐하도록 대신 아파하신 것입니다.

즉 예수님이 이 땅에 오신 이유는 '죽기 위해서'입니다. 우리의 죄악과 고난을 대신 지시고, 우리가 온전히 살 수 있도록 하기 위해서 말입니다. 이것이 복음이고 우리 신앙의 본질입니다.

아들을 내어주신 사랑

사도 바울이 유대인의 지도자로 있을 때, 그는 왜 예수님을 믿는 사람들을 싫어했을까요? 왜 예수님을 믿는 사람들을 박해했을까요? '십자가에 달려서 죽은 예수라……. 구약 율법에 의하면 나무에 달린 자는 하나님께 저주받은 자인데, 어떻게 저주받은 자가 메시아이겠느냐? 어떻게 저주받은 자가 하나님의 아들이겠느냐? 있을 수 없는 일이다.' 그로서는 도저히 깨달을 수 없었습니다. '이것은 하나님에 대한 모독이다. 이단 중의 이단이다!' 그는 아마 이렇게 생각했을 것입니다. 그래서 목숨을 걸고 예수님을 믿는 자들을 핍박하는 데 앞장섰습니다.

바울이 씩씩거리며 예수님을 믿는 자를 체포하기 위해 다메섹으로 올라가고 있을 때, 예수님이 그에게 나타나셨습니다. 십자가에 달려 죽었던 죄인인 예수가 부활하여 하나님의 아들 그리스도로 나타나신 장면입니다. 그는 그 자리에서 엄청난 충격을 받습니다. '이게 도대체 뭐지? 십자가에 죽은 예수가 부활하신 그리스도와 무슨 상관이 있는 거지?' 그는 크게 놀랐습니다. 그러나 그 충격 가운데 하나님의 섭리와 하나님의 놀라운 지혜를 깨닫게 됩니다.

그가 예수님을 알기 전에는, 예수님이 자신의 죄 때문에 십자가에 못 박혀 죽은 것이라고 단정했습니다. 그러나 그분이 죄인이 아니라 하나님의 아들이셨다는 사실을 깨달았을 때, 그는 비로소 알게 되었습니다. '아, 그분의 죽음은 나를 위한 죽음이구나! 내 죄를 위한 죽음이구나! 내 질병을 위한 죽음이고, 내 억울함과 무거운 짐을 대신 지신 하나님 아들의 죽음이구나! 그분의 죽음 안에 내 교만이 있고, 내 죄악과 절망이 들어 있구나!' 십자가 그 중심에 세상과 화해하기 위해 아들을 내어주신 하나님의 사랑이 있음을 깨닫게 된 것입니다. 그렇게 그는 예수님 앞에 머리를 숙이고, 하나님의 사람으로 부름을 받게 됩니다.

인간의 내리사랑도 못 말리지 않습니까? 아들이 못나도, 딸이 말을 잘 안 들어도 "아이고 내 아들, 내 딸!"이라고 하며, 그저 사랑스럽게 여기는 것이 부모의 마음 아닙니까? 그런데 하나님은 우리의 죄를 대속하기 위해 아들까지 아끼지 않고 내어놓으셨습니다. 이것이 바로 복음입니다. 하나님이 자신의 아들보다 나 같은 죄인을 더 사랑하신다는 이 사실 말입니다.

그러므로 우리가 얼마나 소중한 존재인가 하면 '하나님의 아들을 대신하는 존재'입니다. 하나님이 당신의 아들을 포기할 정도로 사랑하신 존재가 바로 나입니다. 이 세상 하늘과 땅을 다 주고서도 바꿀 수 없는 존재가 바로 '나'라는 존재입니다.

나를 살리신 예수님의 죽음

나를 대신하신 예수님의 죽음으로 우리에게 새 생명의 역사가 시작되었습니다. 이제 우리는 '주님과 함께 죽고 주님과 함께 새롭게 살아간다'는 것의 의미를 깨닫습니다. '내가 살아도 죽고, 죽어도 산다'라는 최고의 비밀을 가슴 깊은 곳에서부터 확인하게 됩니다. 이제 인생의 의미를 깨달았고, 삶의 목표가 분명해졌습니다. 나 자신이 얼마나 소중하고 존귀한 존재인지 깨달았습니다. 예수 그리스도를 통해서 말입니다.

성경에도 이 전통은 기록되어 있습니다. 구약 시대 이스라엘 백성들은 매년 유월절마다 양을 죽여 그 피를 하나님께 드림으로 죄를 용서받는 은총을 얻었습니다. 그러나 하나님의 아들이신 예수 그리스도께서 자신의 몸을 제물로 드리심으로 우리는 단번에 죄를 용서받게 되었습니다. 우리를 향한 하나님의 사랑을 확증하신 것입니다. 우리는 이제 더 이상 다른 제물을 드릴 필요가 없습니다. 예수님이 나를 위해 십자가 보혈을 흘리셨기에, 이미 나는 하나님의 자녀가 되었고 영원한 생명의 자리에 들어갔습니다.

바울은 예수님의 죽음 안에서 자기 자신의 죽음을 경험했습니다. 그리스도 안에서 옛 자아가 사라지고 새로운 자아가 시

작되었습니다. 바로 예수님의 사랑 때문에 그가 새롭게 태어날
수 있었습니다.

> 우리가 만일 미쳤어도 하나님을 위한 것이요 정신이 온전하여
> 도 너희를 위한 것이니 고린도후서 5:13

예수님의 죽음 안에 나의 죽음이 있고, 예수님의 부활 안에
나의 부활이 있습니다. 그러므로 나의 생명 또한 예수님의 생명
안에 있습니다. 나의 영생은 예수님의 생명으로부터 기인됩니
다. 바울은 이 놀라운 사실을 깨닫고, 삶의 의미를 재정립합니
다. 그가 뭐라고 이야기했습니까? "내가 이렇게 사는 것도 복이
고, 내가 그리스도와 함께 죽어 하나님과 영원히 살아가는 것도
내 인생의 복이다." 그는 더 이상 죽음을 두려워하지 않습니다.
"죽음아, 너의 쏘는 것이 어디 있느냐?"라고 선포하며 예수님과
더불어 부활의 자리에 들어갈 것을 확신합니다.

죽음은 우리를 번뇌하게 합니다. 그러나 우리는 이미 주님과
함께 죽었고, 이제 다시 주님과 함께 오늘을 살아가는 사람입
니다. 믿음의 사람은 하나님이 주신 이 생명이 얼마나 찬란한
지 깨닫고, 감사함으로 이 축복을 받아들이는 사람입니다. 그래
서 바울은 계속해서 이 놀라운 말씀을 우리에게 가르쳐줍니다.

그리스도의 사랑이 우리를 강권하시는도다 우리가 생각하건대
한 사람이 모든 사람을 대신하여 죽었은즉 모든 사람이 죽은 것
이라 고린도후서 5:14

　예수님의 죽음 안에 내 죽음이 있고, 우리의 죽음이 있고, 인간의 죽음이 있습니다. 우리의 옛 자아, 우리 안의 모든 걱정과 근심, 절망, 외로움, 그리고 교만과 죄악들이 예수님과 함께 죽었다는 뜻입니다. 이제 우리는 예수님과 함께 새 생명을 사는 사람들입니다. 이 생명 안에 하나님의 사랑이 있고, 예수님의 사랑이 있습니다. 이 사실에 감격한 바울이, "그리스도의 사랑이 우리를 강권하시는도다"라고 고백하며 주님의 사랑을 드높입니다.

　그러므로 이제 죽음이 우리를 위협할 수 없습니다. 내 몸에, 내 마음에, 내 생명에 예수님이 거하시기 때문입니다. 죽음의 두려움으로부터 벗어나는 길은 영원한 생명이신 예수님과 동행하는 것뿐입니다. 믿음이란 생명이신 주님을 내 안에 모시는 것이기 때문입니다. 십자가 위에 내 죄악과 교만을 못 박고, 주님과 함께 새 삶을 살아가는 것입니다. 이것이 예수님을 믿는 우리에게 주어진 하늘의 특권이며 은총입니다. 사도 바울은 또 이렇게 선포합니다.

그런즉 누구든지 그리스도 안에 있으면 새로운 피조물이라 이전 것은 지나갔으니 보라 새것이 되었도다 고린도후서 5:17

내 생명을 하나님의 손에 맡기는 것이 참다운 믿음입니다. 우리의 인생에 언젠가는 육체적 죽음이 다가올 것입니다. 너무 겁내거나 두려워하지 않아도 됩니다. "죽는다는 건, 생각만으로도 괴로운 일이니까 생각하지 않을 거야!" 이렇게 외면하지 않아도 됩니다. 오히려 우리는 죽음을 기억해야 합니다. 아니, 오늘 이 순간 사도 바울처럼 주님과 함께 죽고, 주님과 함께 다시 살아날 수 있어야 합니다. 그리스도 안에서 새로운 피조물로 거듭나야 합니다.

예수님과 함께 죽고 함께 살라

살아 있다는 것, 이 자체가 얼마나 감사한 일입니까? 이렇게 생명을 누리고 있다는 것, 가슴이 뛰고 손이 따끈따끈하다는 것, 내 옆에 귀한 가족과 이웃들이 있다는 것, 이 자체가 우리에게 복이 아닙니까? 이 복이 누구를 통해 우리에게 주어졌습니까? 소크라테스나 석가모니, 공자 같은 어떤 위인이나 성인도

이 복을 우리에게 주지 못했습니다. 오직 유일하신 우리 하나님, 그분의 아들 예수 그리스도, 보혜사 성령 하나님이 이 일을 완성하셨습니다. 우리에게 생명의 복을 허락하셨습니다. 예수님이 우리를 대신해 골고다 언덕의 십자가에서 돌아가심으로 우리가 죽음의 두려움, 심판의 두려움으로부터 해방되었습니다. 주님이 우리를 자유롭게 하신 것입니다.

그러므로 우리는 이제 날마다 예수님과 함께 죽는 연습을 해야 합니다. 우리의 교만을 주님 앞에 내려놓아야 합니다. 나만을 위해 살려 했던 탐욕을 주님의 말씀 앞에 내려놓고, 우리의 죄악을 십자가 위에 못 박아야 합니다. 나를 억누르던 모든 짐들도 십자가 앞에 내려놓아야 합니다. 그리고 예수님과 함께 사는 것입니다. 예수님과 함께 다시 일어서는 것입니다. 그러면 오늘 하루가 지금껏 경험하지 못했던 선물과 축복으로 다가올 것입니다. 삶의 질도 바뀔 것입니다. 오늘의 생명이 어제의 생명과 다르다는 참다운 기쁨으로 주님과 함께하는 삶을 살게 될 것입니다. 이제 죽음의 권세자인 사탄으로부터 해방되어 생명의 주인이신 예수님과 더불어 참다운 삶을 살 수 있게 될 것입니다.

나를 대신해 아들을 보내주신 하나님, 예수님의 십자가 앞에
섭니다. 예수님의 죽음 안에 나의 죽음이 있고, 예수님의 부활
안에 나의 생명이 있음을 고백합니다. 이제 나의 작고 작은 자
아를 가장 큰 우주의 자아이신 예수님께 맡깁니다. 오늘도 새
로운 피조물로 생명의 기쁨을 노래하며 살아가게 하옵소서. 내
인생을 전적으로 주님께 맡기며, 주신 생명을 기쁨으로 받아
살게 하옵소서.

칭의

하나님이 우리를
의롭다 하셨다

내가 너희에게 이르노니 이에 저 바리새인이 아니고 이
사람이 의롭다 하심을 받고 그의 집으로 내려갔느니라
무릇 자기를 높이는 자는 낮아지고 자기를 낮추는 자는
높아지리라 하시니라 누가복음 18:14

바리새인과 세리의 기도

예수님은 비유를 들어 많은 말씀을 깨닫게 하셨는데, 그중 바리새인과 세리의 비유가 있습니다. 주님은 이 비유를 통해 오만하고 교만한 사람들을 하나님이 어떻게 보시는지를 일깨워 주십니다.

> 또 자기를 의롭다고 믿고 다른 사람을 멸시하는 자들에게 이 비유로 말씀하시되 누가복음 18:9

이 말씀에 나타난 자들은 자기만 옳고 다른 사람들은 다 그르고 못됐다고 하며, 하나님까지도 자기 소유물로 삼으려 하는 이들입니다.

여기 두 사람이 등장합니다. 한 사람은 당대에 굉장한 존경을 받던 바리새인입니다. 그는 종교적 열심과 헌신으로 율법을 연구하고 가르치던 지도자입니다. 그리고 다른 한 사람은 멸시와 천대를 받던 세리입니다. 그는 유대인에게 세금을 걷어 로마 제국에 갖다 바치는, 그래서 매국노라 비난받던 사람입니다. 더구나 이방인을 만나는 직업적 특징상, 율법을 어길 수밖에 없던 사람입니다.

이 두 사람이 예배드리고 기도하기 위해 성전으로 올라갔습니다. 이들을 예수님이 눈여겨보셨던 것 같습니다. 다음은 그들이 기도하던 모습을 예수님이 하나하나 묘사하시는 장면입니다.

> 바리새인은 서서 따로 기도하여 이르되 하나님이여 나는 다른 사람들 곧 토색, 불의, 간음을 하는 자들과 같지 아니하고 이 세리와도 같지 아니함을 감사하나이다 나는 이레에 두 번씩 금식하고 또 소득의 십일조를 드리나이다 누가복음 18:11-12

바리새인은 아주 자신만만합니다. 의기양양합니다. '나같이 헌신적이고 경건한 사람이 어디 있을까?' 자랑하는 모습이 교만으로 가득 찼습니다. 반면 세리의 기도는 어땠을까요?

> 세리는 멀리 서서 감히 눈을 들어 하늘을 쳐다보지도 못하고 다만 가슴을 치며 이르되 하나님이여 불쌍히 여기소서 나는 죄인

이로소이다 누가복음 18:13

세리는 두렵고 떨리는 마음으로 하나님 앞에 섭니다. 아주 초라하고 보잘것없는 비천한 모습 그대로 엎드려 기도합니다.

기도의 숨은 동기

바리새인과 세리의 기도 사이에는 확연한 차이가 있습니다. 자세와 태도부터 다릅니다. 바리새인은 서서 기도했습니다. 보란 듯이 맨 앞으로 나갔는지 아니면 옆으로 나와 섰는지는 정확하지 않습니다. 그러나 분명한 건 그가 '따로' 섰다는 사실입니다.

바리새Pharisee라는 말의 본래 뜻은 '구별되었다'라는 뜻입니다. 그들은 '나는 너와 차별되어야 해. 나는 너와 구별되었어'라는 자기과시와 우월 의식에 빠져 있었습니다. '나를 보라. 내 기도하는 모습을 보라. 나는 너희와 다르다' 어쩌면 그는 남들 앞에서 우쭐대고 싶었는지도 모릅니다.

세리 또한 멀리 따로 섰습니다. 그러나 그는 감히 눈을 들어 하늘을 쳐다보지도 못하고 다만 가슴을 치며 애통해합니다. 그가 따로 선 이유는 바리새인의 이유와 달랐습니다. 자신을 남들과 동등하게 기도할 수 없는 사람으로, 즉 스스로를 부정하다 여기고 있었기 때문입니다.

이렇듯 따로 선 두 사람의 동기가 다릅니다. 한 사람은 '나는 너희와 다르니까 나를 바라보라'는 의미로 따로 서서 기도했고, 다른 한 사람은 '나 같은 죄인이 어떻게 다른 사람과 어울릴 수 있겠어? 나는 사람들 앞에 내놓을 것 없는 부끄러운 사람이야'라는 마음으로 따로 서서 기도했습니다.

그들의 기도 내용을 보면 더 놀랍습니다. 바리새인은 훌륭한 종교인입니다. 기도의 대상이 누구인지 잘 알고 있었으며, 기도도 멋지게 잘하는 사람입니다. 그렇기에 그의 기도는 정교하기까지 합니다. 게다가 감사하는 기도를 드립니다. 기도 중에 최고의 기도가 감사 기도입니다. 그의 삶은 이처럼 감사로 가득 차 있었습니다. 그럼에도 불구하고 그의 기도는 좀처럼 예수님의 마음에 들지 않습니다. 감사의 선언처럼 소중한 기도가 없는데, 왜 예수님은 그의 기도를 거절하셨을까요?

그의 감사는 하나님을 높이는 감사가 아니었기 때문입니다. 단지 자기 자신을 드러내는 감사일 뿐이었습니다. 자랑하고 싶은 감사였습니다. 바리새인의 감사 기도를 잘 살펴보면, 그는 먼저 '자신이 하지 않은 것'에 대한 감사 기도를 드렸습니다. "

나는 남들처럼 남의 것을 빼앗지 않았습니다. 도둑질도 하지 않았습니다. 나는 불의하지 않았습니다. 나는 다른 사람처럼 간음하지도 않았습니다. 십계명의 중요한 덕목도 잘 지켰습니다."

자신이 얼마나 칭찬받을 만한 인물인지를 조목조목 하나님 앞에 말하고 있습니다. 하나님이 모르실까 봐, 하나님이 나 같은 훌륭한 이를 놓치실까 봐, 하나님이 나같이 대단한 이를 칭찬하지 않으실까 봐, 그동안 자신이 쌓아온 덕목을 하나님 앞에 하나하나 아뢰었습니다. 그리고 여기서 더 나아가 자신이 행한 선한 일들까지 모조리 자랑하기 시작합니다. "다른 사람은 금식을 해도 일주일에 한 번만 하면 족하지만 나는 일주일에 두 번씩 금식했습니다. 나는 소득의 십일조를 드려서 하나님이 명령하신 대로 철저하게 잘 지켰습니다."

숨은 동기를 보시는 예수님

바리새인은 좋은 신앙인의 표본일 수 있습니다. 율법의 말씀대로 경건한 삶을 산 인물이기 때문입니다. 그러나 예수님은 그에게 "네 모습이 하나님 마음에 안 들 것이다"라고 말씀하십니다. 우리 생각과 너무 다르지 않습니까? 이유가 무엇일까요? 예수님은 말씀을 통해 판정의 기준을 알려주십니다.

> 내가 너희에게 이르노니 이에 저 바리새인이 아니고 이 사
> 람이 의롭다 하심을 받고 그의 집으로 내려갔느니라 무릇 자
> 기를 높이는 자는 낮아지고 자기를 낮추는 자는 높아지리라
>
> 누가복음 18:14

예수님은 그의 외적 행위를 보시고 "박수 쳐주고 싶구나. 너
정말 수고했다. 남의 것 노략질 안 하고 참으로 경건하게 살려
고 애썼구나. 하나님 앞에서 금식하고 헌신하면서 하나님의 약
속, 하나님의 명령을 잘 지켰구나!"라고 칭찬하지 않으셨습니
다. 오히려 세리를 높여주시며 "자기를 높이는 자는 낮아지고
자기를 낮추는 자는 높아지리라"라고 말씀하셨습니다. 예수님
이 중요하게 여기신 것은 외적인 종교 행위가 아니라 그 마음의
동기였기 때문입니다.

이는 예수님이 "왜 그렇게 했느냐? 무슨 마음으로 그렇게 했
느냐? 네가 자랑하려고 그렇게 한 것 아니냐? 교만한 마음으로
그 일을 한 것 아니냐? 지금은 예배드리는 시간이 아니냐? 기
도하는 시간 아니더냐? 하나님 앞에서 예배드린다는 것은 네가
겸손해지는 시간 아니냐? 기도한다는 것은 하나님 앞에 '나는

아무것도 아닙니다'라고 실존의 무능함을, 자신의 죄인 됨을 고백하는 시간이 아니더냐?"라고 질문하신 것과 다름이 없습니다. 더 정확히 말하자면 바리새인의 기도는 자기 연설이자 자기 자랑이었습니다. 이른바 정치적 프로파간다propaganda나 마찬가지였습니다.

심지어 그는 "내가 얼마나 멋있는 사람인지 알고 있느냐? 내가 얼마나 경건한 사람인 줄 아느냐? 내가 얼마나 맡은 직분을 잘 수행하는 사람인 줄 아느냐? 사람들아, 제발 좀 알아다오"라는 데서 더 나아갑니다. "하나님, 좀 알아주십시오. 내가 얼마나 괜찮은 사람인지, 경건한 인물인지 한번 보십시오. 내가 얼마나 충성스러운지 말입니다." 하나님 앞에 자기를 뽐내며 하나님을 가르치려고까지 합니다.

하나님이 용납하시지 않는 인간의 모습이 있습니다. 피조물인 인간이 감히 창조주 앞에서 교만을 떠는 것, 오만해져 스스로 심판관이 되어 하나님의 역할을 대행하려고 하는 것, 그것만큼은 하나님이 용납하시지 않습니다. 용납하지 않으실 뿐 아니라 하나님이 가장 싫어하시는 것이 바로 교만입니다.

바리새인의 기도가 하나님께 받아들여지지 않은 이유가 바로 이 때문이었습니다. 그 안에 교만이 있었습니다. 교만은 마치 속옷과도 같습니다. 입을 땐 가장 먼저 입습니다. 그러나 벗을 땐 가장 늦게 벗습니다. 인간의 본질 가운데 가장 깊숙한 곳에서부터 인간을 붙잡고 있는 것이 바로 이 교만입니다.

교만이 얼마나 우리 삶에 밀착해 있는지, 우리는 아무것 없어도 교만해지고, 모든 것을 가져도 교만에 빠집니다. 그래서 하나님이 우리에게 경고하십니다. 하나님을 잘 믿는다 하면서도 교만해질 수 있다는 사실을 주지시키십니다. "네가 하나님을 잘 믿느냐? 믿으면서도 교만하구나! 네가 기도하고 있느냐? 그 기도가 교만하구나! 네가 예배드리고 있느냐? 예배를 드리면서도 교만하구나! 네가 감사하느냐? 찬송을 부르느냐? 그런데도 네가 교만하구나!"

교만이 얼마나 우리 존재를 붙잡고 있는지 모릅니다. 예수님이 종종 바리새인들을 꾸짖으셨던 이유도 교만 때문이었습니다. "화가 있을지어다. 회칠한 무덤 같은 자들아. 독사의 자식들아. 너희들이 인간의 본성 속에 숨어 있는 교만을 깊이 감추고 겉으로만 신앙생활하고 겉모양만 종교인이 되었구나! 너희들은 신앙인이 아니라 종교인일 뿐이다! 너희 속은 하나님이 기뻐하시는 길을 가지 않고 있다!"

하나님의 자리를 빼앗는 교만

하나님을 알지 못하고 예수님을 몰랐을 때 교만했던 것은 변화할 가능성이 비교적 클 것입니다. 예수님을 믿고 회개하여 하나님을 사랑하게 되면 교만을 벗을 수 있기 때문입니다. 그런데 예수님을 잘 알고, 잘 믿고, 오랫동안 하나님의 뜻대로 순종했다는 사람이 교만해지면 어떻습니까? 변화의 가능성이 얼마나 되겠습니까? 파멸의 자리에 들어갈 때에야 비로소 자신의 교만함을 깨닫게 될지도 모릅니다. 교만이 그렇게 무섭습니다. 바리새인이 그와 같았습니다. 그래서 주님은 이와 같이 우리를 교훈하십니다.

> 교만은 패망의 선봉이요 거만한 마음은 넘어짐의 앞잡이니라
>
> 잠언 16:18

바리새인의 모습에서 알 수 있는 교만의 모습은 끊임없이 남과 자기를 비교하는 데 있습니다. "나는 다른 사람과 같지 않은데요. 나를 저 세리와 비교해서는 안 되는데요"라고 말하는 신앙적 독선이 그 안에 들어 있습니다.

'신앙적'이라는 것은 선함의 표징입니다. 그러나 그 안에 독

선이 생기면, 다시 말해 교만해지면 모든 것을 내 뜻대로 하려고 합니다. 모든 것을 나의 소유물로 만들려고 합니다. 모든 시선이 나만을 향하도록 만듭니다. 그리고 나만 잘나고 나만 높아져야 합니다. 누구도 나와 비슷한 자리에 올라가면 안 되는 것입니다. 모든 독재자들이 그랬습니다.

바리새인은 다른 사람과 자신을 비교하면서, 스스로가 심판자가 되고 심지어 하나님의 자리까지 넘보았습니다. 그의 기도문을 보면 모든 주어가 '나'입니다. '내'가 이렇게 했다는 것입니다. "나와 같이 이만큼 헌신하고, 나와 같이 이만큼 경건한 덕을 가진 자가 어디 있겠습니까?"라는, 아주 과시적인 기도입니다.

그런 그에게 하나님이 말씀하십니다. "맞다. 네가 참 잘하는 것 같다. 그런데 네 기도에는 내가 들어갈 자리가 없구나. 내가 너와 함께할 자리가 없구나." 안타까워하시는 것입니다. 예배와 기도가 자기선전의 수단이 되면, 그것은 곧 예배와 기도의 타락입니다. 예배와 기도의 파멸입니다.

반면 세리에 대해 예수님은 그가 "의롭다 하심"을 받았다고 말씀하십니다. 세리의 기도에는 몇 가지 특색이 있습니다. 먼저 내가 중심이 아니라 '하나님'이 중심입니다. 성경에는 "하나님이여 불쌍히 여기소서 나는 죄인이로소이다"(누가복음 18:13)라고 되어 있는데, 이를 원어성경의 의미를 살려 다시 풀면 하나님이 주어가 됩니다. "하나님이여, 죄인인 나를 불쌍히 여기시옵소서." 하나님이 주체가 되어 자신을 불쌍히 여겨달라고 구하는 것입니다.

세리는 자신의 전 존재를 드려 하나님을 열망했습니다. 하나님의 은혜와 도움을 구하며, 하나님이 자신을 이끌어주시길 간구했습니다. 불쌍히 여겨달라는 것이 무슨 뜻일까요? 하나님의 용서를 바란다는 뜻입니다. 하나님이 거룩하신 분이라는 사실을 인정하고 있다는 뜻입니다. 세리는 자신이 하나님의 긍휼 없이는 살아갈 수 없는 존재라는 사실을 철저히 깨닫고 있었습니다.

하나님을 높이는 예배 가운데 거하라

우리가 하나님께 예배드림은 '나는 낮아지고 하나님은 높아지심'을 의미합니다. 나를 낮추고 하나님을 높이는 것이 바로 예배입니다. 이런 예배를 드릴 때 하나님이 우리에게 말씀하십니다. "내가 너를 의롭게 여겼다. 내가 너를 높여주겠다." 이것이 바로 예배입니다. 예배란 우리를 향해 "내가 너를 의롭게 여긴다"라고 말씀하시는 하나님의 선언을 받는 자리입니다. "하나님, 죄인이 왔습니다. 부족한 종이 왔습니다"라고 우리가 하나님께 고백할 때, 하나님은 "네가 죄인이 아니라 의인이다. 네가 종이 아니라 이제는 내 자녀다"라고 말씀하시며, 우리를 높여주십니다. 그 자리가 곧 예배의 자리인 것입니다.

기도는 무엇일까요? 찬양은 또 무엇일까요? 어떻게 하면 하나님이 찬양을 받으실까요? 찬양의 가사가 나의 기도가 될 때입니다. 그때 우리의 찬양이 하나님께 상달됩니다.

내 자랑이 아니라 하나님의 자랑을 만드는 자리, 나를 비우고 하나님의 은총으로 나를 채우는 자리, 그 자리가 바로 예배의 자리입니다. 내 모습 그대로 하나님 앞에 부름 받아 하나님의 은혜를 경험하는 복된 자리가 바로 예배의 자리입니다. '나는 소중한 하나님의 아들이며 딸이다'라는 사실을 깨닫는 자리가 예배요, 하나님으로 충만해지는 자리가 예배인 것입니다. 그래서 예수님은 말씀을 통해 이렇게 우리를 가르치십니다.

무릇 자기를 높이는 자는 낮아지고 자기를 낮추는 자는 높아지리라 누가복음 18:14

세상에서 우리는 "내가 이런 사람입니다"라고 자랑해도 괜찮습니다. 요새는 자랑하는 시대가 아닙니까? 그러나 하나님 앞에 예배드릴 때는 연약한 실존, 죄 많은 실존, 부끄러운 실존 그대로 주님 앞에 나아가야 합니다. "하나님, 내가 이런 사람입니다. 오늘도 나를 찾아오셔서 억눌림으로부터 나를 해방시키옵소서. 내가 오늘도 하나님의 아들이고 딸인 것을 확인하게 하옵소서. 내가 하나님의 자녀인 것을 깨닫고 오늘도 세상을 향해 나아가게 하옵소서"라고 기도하고 찬양하며 하나님 앞에 나아가십시오. 바로 그 자리가 하나님이 나를 높여주시는 자리, 나를 의롭다 하시는 자리, 하나님의 자녀가 되는 자리입니다.

prayer

우리를 의롭다 하신 하나님 아버지, 연약하고 어리석은 내 모습 이대로, 낮고 천한 죄인의 모습 이대로 주님 앞에 나왔습니다. 우리는 겉모습만 보고 서로를 평가하지만 주님은 은밀한 우리 속마음을 살피시는 분입니다. 부끄럽고 교만한 내 모습을 주님께 고백합니다. 하나님의 긍휼을 기다리며 간절히 아뢰는 이 기도를 받아주옵소서. 주님의 뜻에 따라 온전히 쓰임받는 하나님의 자녀가 되게 하옵소서.

사랑

하나님의 사랑이
나를 세운다

여호와께서 너희를 기뻐하시고 너희를 택하심은 너희
가 다른 민족보다 수효가 많기 때문이 아니니라 너희는
오히려 모든 민족 중에 가장 적으니라 신명기 7:7

갈등을 낳는 내 방식대로의 사랑

이런 우화가 있습니다. 옛날에 소와 사자가 있었습니다. 소와 사자는 서로 깊이 사랑해서 같이 살게 되었습니다. 소는 맛있는 풀을 열심히 모아 사자에게 날마다 대접했습니다. 사자는 풀이 싫었지만 소를 생각해 그래도 꾹 참았습니다. 사자도 맛있는 살코기를 날마다 소에게 대접했습니다. 소는 괴로웠지만 그 역시 꾹 참았습니다. 사랑하는 마음으로 상대방에게 최선을 다했습니다. 그러나 곧 인내의 한계에 다다르게 되었습니다. 어느 날부터 소와 사자는 서로에게 불평하기 시작했고, 결국 심하게 다투다 마침내 헤어졌습니다. 마지막으로 둘은 서로를 향해 이렇게 외쳤습니다. "난 지금까지 너에게 최선을 다했어!"

둘 사이의 문제는 무엇일까요? 각자는 최선을 다했지만, 상대방이 좋아하는 방식으로 사랑하지 못했습니다. 내 방식대로, 내가 좋아하는 것으로 상대방을 사랑한 것입니다. 분명 최선을 다했습니다. 하지만 최선을 다할수록 자꾸만 서로에게 화가 났습니다.

부부 사이에서 어떻게 사랑을 표현합니까? 부모가 자녀에게 어떻게 사랑을 표현합니까? 자녀가 부모님께 사랑을 표현할 때는 또 어떻습니까? 상대가 원하는 방식대로 그를 사랑해주고 있습니까? 그게 쉽지 않기 때문에 생긴 말이 있습니다. "You are OK, but I am not OK." '당신은 좋겠지만 나는 싫다'는 뜻입니다. '당신의 방식대로 사랑하지 말고, 내 방식대로 사랑해 달라'는 것입니다.

우리의 삶 가운데 발생하는 많은 갈등이 바로 이 소통의 문제에서 비롯됩니다. 가장 큰 문제는 가치관이 달라 서로 소통이되지 않는 것입니다.

온전한 사랑에는 열매가 맺힌다

하나님은 인간을 어떤 방식으로 사랑하실까요? 하나님은 인간에게 소통의 길을 열어놓으셨습니다. 그래서 죄가 가득한 이땅에 예언자를 보내주셨습니다. 하나님은 우리 인간과는 다른 '하나님'이시지만, 인간의 언어로 말씀해주셨습니다. 십계명을 주심으로 하나님이 인간을 얼마큼 사랑하시는지를 보여주셨습니다. 그리고 마침내 하나님의 말씀이신 예수님을 이 땅에 보내주셨습니다. 연약하고 죄인 된 우리를 위해 자신의 아들을 이 땅에 보내서서 우리와 함께 있게 하셨습니다. 우리 눈으로 보게 하셨고, 귀로 듣게 하셨으며 손으로 직접 만질 수 있게 하셨습니다.

> 말씀이 육신이 되어 우리 가운데 거하시매 우리가 그의 영광을 보니 아버지의 독생자의 영광이요 은혜와 진리가 충만하더라 요한복음 1:14

우리의 모습처럼 이 땅에 오셔서 우리 삶의 현장에 참여하셨다는 것입니다. 이와 같은 하나님의 사랑은 남녀 간의 사랑과 비교할 수 있습니다. 남녀 간의 사랑에는 어떤 특색이 있을까요? 심리학자들은 사랑에는 세 가지 요소가 필요하다고 말합니다. 이를 삼각형으로 표현하면, 맨 위의 꼭지점은 '친밀감' 입니다. 사랑은 친밀감에서 시작됩니다. 그리고 왼쪽 꼭지점에 '열정'이 있고, 오른쪽 꼭지점에 '헌신'이 있습니다. 이 셋이 조화를 이룰 때 참된 사랑을 할 수 있다고 합니다.

그렇다면 친밀감이란 무엇일까요? 가까운 것입니다. 따뜻한 유대감입니다. 시간과 공간을 함께 공유하는 것입니다. 감정을 나누고 소통하는 것입니다. 따뜻한 친밀감이 있어야 사랑이 시작됩니다.

이러한 정서적인 친밀감에서 성적인 친밀감으로 발전되는 것이 열정, 다른 말로 표현하면 정열입니다. 이것은 서로 한 몸이 되고자 하는 강렬한 에로스적인 열망이라 할 수 있습니다. 서로 눈빛을 교환합니다. 스킨십을 합니다. 그리고 성적인 행위까지 나아갑니다.

사랑의 절정이란 남녀가 육체적으로 하나 되는 것을 뜻합니다. 구약의 하나님도, 신약의 예수님도 '너희들의 육체가 따로따로 있지만 두 육체가 한 몸이 되는 것이 결혼이요, 그것이 사랑의 핵심'이라고 우리에게 가르쳐주십니다.

그 다음으로 정서적인 친밀감에서 돌보고 섬기는 친밀감으로까지 발전하는 것이 헌신입니다. 즉 영원히 사랑하겠다는 약속과 함께 내 시간과 정성, 에너지, 심지어 내 삶 전체를 상대방을 위해 쏟아붓는 것입니다. 나만을 위한 즐거움을 넘어 상대방을 위한 즐거움에 내 삶을 쏟는 것입니다.

사랑의 종류가 참 많지 않습니까? 우정이라는 사랑에도 친밀감이 있습니다. 하지만 거기에 성적인 열정은 없습니다. 그러나 상대방을 위해서 자신을 헌신하는 마음이 멋진 우정을 만들어낼 수 있습니다.

낭만적인 사랑이란 무엇입니까? 거기에는 친밀감이 있습니다.

사랑의 열정도 있습니다. 그러나 헌신이 없습니다. 그래서 문제나 어려움이 생기면 마치 모래성처럼 순식간에 무너지고 맙니다.

공허한 사랑이란 무엇입니까? 우리의 어머니들은 참으로 어려운 환경 속에서도 헌신적으로 사랑을 베풀었습니다. 그러나 남편과 친밀감이 없는 경우가 많았습니다. 열정도 없었습니다. 오직 헌신만 있을 뿐이었습니다. 뼈 빠지게 수고하고 애쓴 것만 있습니다. 존중을 받지도 못하고 공허한 사랑을 자녀와 남편에게 쏟아부었습니다.

또 정욕적인 사랑이 있습니다. 여기에 친밀감은 없습니다. 헌신도 없습니다. 있는 것이라고는 에로스적 열정과 욕망뿐입니다. 불순한 사랑입니다. 상대방을 내 욕망의 대상으로만 삼는 사랑입니다.

그렇다면 온전한 사랑은 무엇일까요? 친밀감도 있고, 사랑의 열정도 있고, 상대방을 위한 헌신도 있는 사랑입니다. 그런 사랑이 온전한 사랑이며 열매 맺는 사랑입니다.

우리의 사랑은 어떻습니까? 배우자를 어떻게 사랑하십니까? 부모를, 자녀를 어떻게 사랑하십니까? 연인, 형제간에는 서로를 어떻게 사랑하십니까? 이 아름다운 사랑의 기쁨을 온전히 나누고 있습니까?

하나님의 온전한 사랑

하나님의 사랑은 이 세 가지 특성을 동시에 지니고 있습니다. 하나님은 구약에서 스스로를 '남편'이라고 말씀하셨습니다. 또 '아버지'라고도 표현하셨습니다. 아가서를 보면 남녀 간의 에로스적인 사랑이 나오는데, 하나님은 그것을 아가페적인 사랑으로 승화시키십니다. 그리고 우리는 예수 그리스도를 '신랑'이라고 말합니다. 정결한 신부가 되어 우리 자신을 주님께 드린다고 이야기합니다.

하나님은 우리에게 친밀감을 주시기 위해 임마누엘의 하나님으로 다가오십니다. 구약에서는 예언자를 통해 말씀하셨지만, 신약에서는 예수님을 친히 이 땅에 보내셨습니다. 그리고 예수님이 승천하신 다음에는 성령을 우리 가운데 보내셔서 우리와 더불어 친밀감을 쌓기 원하셨습니다.

하나님은 열정의 하나님입니다. 우리를 기억하실 뿐만 아니라 우리를 지극히 사랑하십니다. 성경은 하나님의 사랑을 이렇게 표현하고 있습니다.

> 여인이 어찌 그 젖 먹는 자식을 잊겠으며 자기 태에서 난 아들을 궁휼히 여기지 않겠느냐 그들은 혹시 잊을지라도 나는 너를

"여인이 자기가 낳은 아들과 딸을 어떻게 잊을 수 있고, 어떻게 불쌍히 여기지 않을 수 있겠는가? 혹여 어미가 자식을 잊을지라도 나 여호와 하나님은 너희를 결코 잊지 않을 것이다"라고 말씀하시며 얼마나 우리를 사랑하고 긍휼히 여기시는지 알게 하셨습니다.

또한 하나님은 남녀가 서로의 사랑을 확인할 때 쓰는 언어를 우리에게 사용하십니다.

> 너는 두려워하지 말라 내가 너를 구속하였고 내가 너를 지명하여 불렀나니 너는 내 것이라 이사야 43:1

사랑하는 남녀가 가까워지고 하나가 되면 "너는 내 거야!"라고 말하지 않습니까? 둘이 하나 되는 사랑의 열정을 표현한 것입니다. 그런데 하나님이 우리를 향해 그와 같이 말씀하십니다. "너는 내 것이다. 사탄도 너를 어떻게 해볼 엄두조차 못 낸다!"라고 말입니다. 우리를 향한 하나님 사랑의 열정이 나타난 말씀입니다.

하나님은 우리를 사랑하시면서 모든 것을 다 내놓으셨습니다. 헌신하셨습니다. 나를 살리기 위해 자기 아들을 죄인 된 나의 모습으로 이 땅에 보내셨습니다. 고난의 길을 가게 하시고 십자가에 못 박히게 하셨습니다. 우리를 살리기 위해 아들까지 포기하신 것입니다. 그보다 더 큰 사랑이 어디 있을까요? 이 놀라운 사랑을 경험한 사도 바울은 이렇게 노래합니다.

> 자기 아들을 아끼지 아니하시고 우리 모든 사람을 위하여 내주신 이가 어찌 그 아들과 함께 모든 것을 우리에게 주시지 아니하겠느냐 로마서 8:32

하나님이 자기 아들을 아끼지 않으시고 그의 목숨을 포기할 정도로 나를 사랑하셨다면, 아들뿐 아니라 모든 축복을 우리에게 주시지 않겠냐는 것입니다. 그것이 바로 하나님의 사랑입니다. 그리고 당신의 아들을 포기하면서까지 비싼 값을 주고 사신 존재가 바로 나이며, 우리 모두가 그런 존재입니다.

있는 그대로 사랑하시는 하나님

하나님이 이스라엘 백성에게 하시는 말씀을 통해 우리는 하나님이 왜 '나 같은 자'를 사랑하는지 그 이유를 알 수 있습니다. 우리가 본래 얼마나 연약한 존재입니까? 얼마나 별 볼 일 없는 존재입니까? 하나님 앞에 감히 설 수도 없는 존재입니다. 그러나 하나님은 우리와 같은 이스라엘 백성을 향해 이렇게 말씀하십니다.

> 여호와께서 너희를 기뻐하시고 너희를 택하심은 너희가 다른 민족보다 수효가 많기 때문이 아니니라 너희는 오히려 모든 민족 중에 가장 적으니라 신명기 7:7

"너희가 잘나서 택한 것이 아니다. 너희들의 능력이 대단해서 택한 것이 아니다. 실수를 안 해서 택한 것도, 너희 민족이 커서 택한 것도 아니다. 너희들의 성품이 좋아서 택한 것이 아니다." 우리의 뛰어남 때문에 택한 것이 아니라고 하십니다. 하나님은 우리의 잘난 면을 사랑하시지만, 우리의 못난 면도 수용하십니다. 우리의 밝은 모습을 기뻐하시지만, 우리의 어두운 그늘도 받아주십니다.

독일의 작가 울리히 샤퍼Ulrich Schaffer의 〈나 그대를 사랑하는 까닭은〉이라는 제목의 시가 떠오릅니다.

나 그대를 사랑하는 까닭은

아무도 그대가 준 만큼의 자유를

내게 준 사람이 없었기 때문입니다

나 그대를 사랑하는 까닭은

그대 앞에 서면 있는 그대로의

내가 될 수 있는 까닭입니다

나 그대를 사랑하는 까닭은

그대 아닌 누구에게서도 그토록 나 자신을 깊이

발견할 수 없기 때문입니다

하나님은 나 같은 자를 받아주십니다. 내 모습 그대로 부족하고, 연약하고, 실수하고, 넘어지고, 망가지고, 부끄럽고, 자랑할 것 하나 없는 이 모습 그대로 받아주십니다. 동시에 내게 자유를 주시고, 은혜를 주시고, 하나님의 자녀가 되는 복을 주십니다.

예수님을 믿는다는 것은 하나님이 나를 사랑하신다는 사실을 받아들이는 것입니다. 그리고 "내가 하나님을 사랑합니다"라고 선포하는 것입니다. 그러할 때 하나님이 우리를 소중한 자로, 하나님이 기뻐하시는 자로 세우십니다. 하나님의 백성으로 세우십니다. 그것이 바로 이스라엘 백성이 갖고 있던 자존감이고 자부심이었습니다.

이 자부심이 얼마나 소중합니까? 자부심과 자존감이 없어지면 우리의 삶은 무너집니다. 이 시대 사람들이 정신적인 질환을 앓고 있는 것은 자존감이 없기 때문입니다. 그래서 우울증에 빠지는 것입니다. 쉽게 슬퍼하며 수치심을 느낍니다. 죄책감에 불안해합니다. 낙심하고 절망합니다.

우리의 사랑에 목말라하시는 하나님

우울한 사람들의 몇 가지 특징이 있습니다. 첫째는 자기 자신을 무가치하게 느낍니다. 우리도 때로는 스스로를 무가치하게 느끼지 않습니까? 하지만 그들과 우리의 다른 점은 무엇입니까? 우리는 하나님 앞에 나아간다는 것입니다. 하나님의 사랑을 받아들이고 예수님을 믿는 것입니다.

둘째는 이 땅에서의 삶을 무의미하게 여깁니다. 보이는 것에 아무런 의미가 없다고 생각합니다. 곁에 수많은 사람들이 있어도 자신에게는 전혀 도움이 안 된다고 느낍니다. 현재와 미래를 절망적으로 봅니다. 산다는 것을 참으로 무가치하게 여겨 가끔 죽음을 생각하기도 합니다.

신앙인이라고 다를까요? 신앙인들에게는 약점이 없을까요?

신앙인이라 해서 무능함과 "해 아래 새것이 없다"는 사실을 경험하지 못했을까요? 아닙니다. 신앙인들도 수많은 인생의 위기를 경험했습니다. 실수했고, 실패했고, 절망의 자리까지 내려갔습니다. 그러나 그 가운데 예수님을 만났습니다. 하나님의 사랑을 깨달은 것입니다. 때문에 흔들리는 환경 속에서 흔들리지 않는 주님을 붙잡고 "내 반석과 내 구원의 산성"이라고 선포할 수 있는 것입니다.

스위스의 정신분석학자인 칼 융은, 정신질환을 앓고 있는 사람들을 상담하며 이런 결론을 내렸습니다. "내가 치료한 정신질환을 앓고 있는 모든 중년, 즉 35세 이상의 환자들이 지닌 문제는 결과적으로 인생에 대한 종교관을 발견하는 것이었다. 환자들은 제각기 모든 시대에 살아 있는 종교가 그들에게 베풀어 온 것을 잃었기 때문에 병이 생겼다."

여기서 말하는 종교란 기독교 신앙입니다. 즉 내가 얼마나 소중한 존재인지, 그 믿음과 신앙을 잃어버리니까 병이 생겼다는 이야기입니다. 그래서 그는 이렇게 말합니다. "자기의 종교관을 되찾지 않고서는 온전히 치료된 사람은 한 사람도 없었다 해도 과언이 아니다."

신앙이 왜 중요할까요? 살아 계신 하나님을 믿는 것이 왜 중요할까요? 그 위대하신 하나님이 나를 사랑하신다는 것이 왜 중요할까요? 수없이 많은 장애물에 넘어지고, 실수하고, 좌절할지라도 하나님이 나를 사랑하시고, 나를 존귀한 자로 만드셨다는 사실이 어려움을 극복하게 하는 힘이 되기 때문입니다. "나는 흔들리지만 하나님은 반석이십니다. 나는 무너지지만 하나님은 구원의 산성이십니다"라고 고백하는 것이 바로 신앙의 힘입니다.

그런데 이 놀랍고도 절대적인 하나님의 사랑이 우리의 응답을 기다립니다. "얘야, 내가 너를 사랑한다. 너도 내 사랑에 응답해다오"라고 말씀하시며 우리의 응답을 바라십니다.

> 그런즉 너는 알라 오직 네 하나님 여호와는 하나님이시요 신실하신 하나님이시라 그를 사랑하고 그의 계명을 지키[라]
>
> 신명기 7:9

신실하신 하나님을 사랑하라고 하십니다. 하나님은 인격이시기 때문에 사랑을 주기도 하시지만 사랑을 받고도 싶어 하십니다. 하나님은 우리의 사랑에 목말라 계십니다. 놀랍지 않습니까?

하나님의 사랑에 응답하라

미국의 퓰리처상 수상 작가인 프레드릭 뷰크너는 사랑을 이렇게 정의합니다. "사랑은 모든 능력 가운데 가장 강력하면서도 가장 무력하다. 오직 사랑만이 인간의 마음이라는 난공불락 요새를 정복할 수 있기 때문이다. 그러나 상대방의 동의 없이는 아무것도 할 수 없다는 면에서 가장 무력하기도 하다." 그토록 강력한 사랑도 상대방의 응답이 없다면 아무것도 아니라는 뜻입니다. 하나님의 사랑이 아무리 강력할지라도 우리가 그 사랑에 응답하지 않는다면, 그 사랑은 완성되지 못한 사랑입니다.

하나님이 우리의 사랑을 기다리십니다. 먼저 우리를 사랑하신 하나님이 우리에게 서로 사랑하며 함께 나아가자고 부탁하십니다.

저는 하나님의 사랑을 묵상하면서 '만약 내가 하나님이라면 어떻게 했을까?' 하고 생각해보게 되었습니다. 저라면 인간의 반복되는 불의함과 죄악, 완악한 모습을 보고 수백 번, 수천 번, 수만 번 내쳤을 것 같습니다. 그런데 하나님은 어떠십니까? 우리에게 다시 손을 내미십니다. 우리를 다시 부르십니다. 여전히 사랑하시며 당신 곁으로 초청하십니다. "내가 너를 사랑하니 내게 와서 나의 사랑 가운데 거하라"고 말씀하십니다.

우리가 보기에도, 하나님이 보시기에도 우리는 죄인입니다. 하지만 하나님은 예수님을 통해 우리를 의인으로, 존귀한 자로 세우셨습니다. 세상의 어느 것과도 바꿀 수 없는 귀중한 내 아들이요, 내 딸이라고 말씀하셨습니다.

내가 하나님께 얼마나 사랑받는 존재인지를 하나님과 사람들 앞에서 선언하는 것이 신앙입니다. "하나님이 나를 사랑하십니다. 나도 하나님을 사랑합니다"라고 고백하는 것이 전도이며 선교입니다.

하나님이 우리에게 "내가 너를 사랑한다. 내가 너를 지명해 불렀다. 너는 내 것이다"라고 말씀하십니다. 이제 우리가 하나님께 고백할 때입니다. "하나님, 맞습니다. 하나님은 나의 하나님이십니다." 이 고백이 예수님을 믿는 즐거움이며, 하나님의 사랑에 응답하는 길입니다.

prayer

사랑으로 우리를 세우시는 하나님, 아들까지 아끼지 않고 우리를 사랑하신 하나님의 크신 사랑을 매일 매순간 새롭게 깨닫게 하옵소서. 우리에게 사랑의 영을 부어주소서. 이제는 하나님의 사랑에 전심으로, 기쁨으로 응답할 줄 아는 믿음의 사람이 되게 하옵소서.

임재

내 몸이 성령의 전이다

너희 몸은 너희가 하나님께로부터 받은 바 너희 가운데
계신 성령의 전인 줄을 알지 못하느냐 너희는 너희 자
신의 것이 아니라 값으로 산 것이 되었으니 그런즉 너
희 몸으로 하나님께 영광을 돌리라 고린도전서 6:19-20

질문을 열어놓는 신앙

여러 해 전에 북한의 김일성이 죽은 후 평양을 방문한 적이 있습니다. 도착하자마자 가장 먼저 눈에 들어온 것은 이 문구였습니다. "위대한 수령 김일성 동지는 영원히 우리와 함께 계신다." 어디서 많이 들어본 표현 아닙니까? 이 문구는 그들이 자랑하는 영생탑뿐 아니라 곳곳에 쓰여 있었습니다. 북한의 수령론과 지도자 우상화를 보여주는 단적인 예입니다. 저는 이 문구를 보고 충격을 받아 할 말을 잃었습니다. 예수님이 승천하시기 전 제자들에게 하셨던 말씀이 떠올랐기 때문입니다. "볼지어다 내가 세상 끝날까지 너희와 항상 함께 있으리라"(마태복음 28:20). 예수님의 이 임마누엘 약속을 북한은 정치적으로 패러디한 것입니다. 독재를 위한 고도의 정치 전략적 구호라고 할 수 있습니다. 김일성이라는 한 개인을 종교적 우상으로, 신적인 존재로 떠받드는 구호인 것입니다.

기독교 신앙과 북한의 우상화에는 어떤 차이가 있을까요? 먼저 우리의 신앙은 항상 질문에 열려 있습니다. 비판에 열려 있습니다. '하나님이 도대체 누구신가? 예수님이 도대체 어떤 분인가? 하나님이 우리와 동행하신다는 '임마누엘'이란 과연 어떤 것인가? 정말 하나님이 살아 계시고, 예수님이 십자가에서 죽었다가 부활하셨는가?' 이렇게 인간의 질문과 비판에 열려 있습니다.

하지만 북한의 인민들에게는 김일성에 대한 질문이 불가능합니다. 물론 그들에게도 '자아비판'이라는 것이 있습니다. 그러나 그것은 인민들에게만 강요됩니다. 권력자인 수령에게는 어느 누구도 질문하거나 비판할 수 없습니다. 권력자들을 향해 질문하면 당장 벌을 가하는 구조, 이것이 북한의 모습입니다.

그들이 기독교 신앙을 무서워하는 이유가 무엇일까요? 기독교 신앙이 전파되면 그들이 만든 우상이 쉽사리 무너질 것을 알고 있기 때문입니다. 그래서 질문을 하지 못하게 합니다. 비판도 하지 못하게 합니다. 우리가 살고 있는 자유 민주주의의 축복 중 하나는 누구나 비판할 수 있다는 점입니다. 대통령을 비판할 수 있고, 목사를 비판할 수 있으며 어느 누구도 비판의 대상에서 예외일 수 없습니다.

인간을 소중히 여기는 신앙

'하나님이 우리와 함께하신다'라는 뜻인 임마누엘은 우리를 높여주시기 위한 것입니다. 우리를 살려주시기 위한 것입니다. 우리 한 사람 한 사람이 소중하다고, 우리 모두가 하나님의 형상을 되찾아야 한다고 알려주시는 것입니다. 즉 하나님과 사랑의 관계를 맺으라고 우리에게 말씀하시는 것입니다. 그러나 북한은 김일성, 김정일, 김정은과 같은 오직 한 사람, 즉 수령만을 높입니다. 수령만을 위한 정치·사회 구조입니다. 백성은 이를 위한 도구와 수단일 뿐입니다. 때문에 인간의 존엄성이 파괴당합니다.

또 무슨 차이가 있을까요? 예수님이 걸으신 길은 수난의 길이었습니다. 그러나 그 길은 우리를 영광으로 인도하는 길이었습니다. 그래서 예수님은 십자가 고난의 길을 마다하지 않으셨습니다. 우리에게 생명을 주시기 위해서 말입니다. 그러나 북한의 지도자들은 그 반대입니다. 자신들은 영광의 길을 가고 백성은 고난의 행군을 계속하도록 강요하고 부추깁니다.

노벨 문학상을 받은 알렉산드르 솔제니친은 소련의 공산주의 학정學政을 경험하며 이렇게 부르짖었습니다. "그러므로 우리가 공산주의에 반대하고 저항하는 행위는 바로 인도적인 일이 됩니다. 다시 말해 비인도적인 공산주의를 거부하고 받아들이지 않음으로써 우리는 인간답게 존재할 수 있는 것입니다. 이는 바로 선善과 악惡의 관념을 망각시키려고 책동하는 공산주의에 대한 우리 영혼의 저항입니다."

왜 거짓 이데올로기, 악한 독재자를 거부해야 할까요? 이유는 한 가지입니다. 이것들은 하나님의 형상으로 지음받은 고귀한 존재인 인간의 존엄성을 파괴하고 조롱하기 때문입니다.

우리가 믿는 하나님은 어떤 하나님입니까? 하나님이 왜 이 땅에 오셨습니까? 왜 인간을 찾아오셨습니까? 아들 예수를 왜 이 땅에 보내셨습니까? 성령께서 왜 우리 안에 거하십니까? 바로 우리 안의 잃어버리고 망가진 하나님의 형상을 되찾아주시기 위해서입니다. 이를 위해 하나님이 그토록 애쓰시는 것입니다.

우리는 예수님을 믿지 않는 사람들에게 수많은 질문을 받습니다. 때로는 이렇게 비난을 받기도 합니다. "신앙은 사람을 미련하게 하고 어리석게 하는 것이 아닌가? 생각을 하지 못하도록 하는 것이 아닌가? 술과 마약에 취한 것처럼 이성을 마비시키는 것이 아닌가? 중독증 환자와 같이 인간의 모든 자율성을 잃게 만드는 것이 아닌가?"

이러한 비난이 사실일까요? 결코 아닙니다. 하나님이 우리에게 주시려는 것은 억압이 아니라 자유입니다. 기득권에 얽매여 자기만을 보존하는 퇴보가 아니라 변화와 성숙, 남을 배려하는 인간으로 우리를 세워주려 하시는 것입니다. 노예처럼 우리를 마구 부려먹으려는 것이 아니라 노예에서 하나님의 자녀로, 종에서 자유자로 우리를 세우기 원하십니다.

그래서 하나님은 우리에게 신앙을 허락하시며 말씀하십니다. 생각하라고, 판단력과 분별력을 가지라고, 무엇보다 예수님의 마음을 품고 신앙을 가지라고 말입니다. 신앙이란 결코 생각을 중단하는 맹목적인 것이 아닙니다. 참 신앙은 오히려 생각을 활성화시킵니다.

생각하기를 멈춘 사람들

타락해가고 있던 고린도교회가 예수 그리스도의 복음을 알게 되었습니다. 그러나 여전히 바뀌지 않는 부분이 있었습니다. 바로 그들의 생각이었습니다. 분별력 없이 예수님을 믿게 된 것입니다. 그래서 교회 안에 여러 문제들이 생겼습니다. 영적인 열광주의가 나타났습니다. 예수님을 믿으면서도 분파와 분쟁이 심했고 도덕적, 성적 타락이 만연했습니다.

고린도전서 1장과 4장에는 고린도교회의 분파와 분쟁 문제
가 기록되어 있습니다. "나는 게바파요, 나는 아볼로파요, 나는
바울파요"라고 주장하고 서로를 적대시하며 자기 자랑만을 늘
어놓습니다. 5장에서 7장에는 교회 안에서 일어나는 거짓과 음
란한 사건들이 기록되어 있습니다. 왜 그랬을까요? 복음이신
예수 그리스도를 만나게 되었는데 왜 변하지 못했을까요? 생
각하지 않는 신앙 때문입니다. 생각하지 않음으로 하나님이 주
신 자유가 방종으로 변질되고 말았습니다. 자유가 파괴된 것입
니다.

예수님을 믿고 성령의 은사를 받았는데 자기 자랑만 합니다.
성령의 은사는 공동체를 위한 것인데, 자기 혼자 잘났다고 은
사 없는 사람을 멸시하고 무시합니다. 사고가 마비되어 있었기
때문입니다.

또한 영적인 열광주의와 헬라 철학인 이원론적 사고에 묶여
있었습니다. 고린도교회 안에는 영적인 세계, 소위 신비 체험을
했다는 사람들이 득세했습니다. 그들은 이원론적 사고에 갇혀
영혼으로는 하나님께 예배드리고, 육체는 세상에서 살아간다
고 생각했습니다. 그래서 교회에 와서는 하나님께 경건하게 예
배드리지만, 집으로 돌아가서는 육체적 욕망에 사로잡혀 성적
인 쾌락을 즐겼습니다. 이 또한 생각하기를 멈췄기 때문입니다.

그들은 이성적 판단조차 하지 못했습니다.

　사도 바울은 성적인 결합을 독특한 인격적 관계로 가르칩니다. 그리고 이 이야기를 할 때, 음식에 대한 문제도 함께 다룹니다. 하나님도, 예수님도 음식 자체는 다 선한 것이라고 가르칩니다. 그러므로 어떤 음식을 먹어도 괜찮습니다. 그 음식이 비록 우상에게 갖다 바치는 제물이라고 해도 믿음으로 먹으면 나쁠 게 없다고 했습니다. 왜 그렇습니까? 음식은 비인격적 물체이기 때문입니다.

　그러나 성적인 영역은 다릅니다. 인격과 인격이 만나는 자리이기 때문입니다. 육체와 육체가 만납니다. 정신과 정신이 결합됩니다. 하지만 성을 파는 여성과의 성적인 결합은 어떻습니까? 인격적인 만남이 동반되지 않습니다. 하나님의 거룩성은 물론 인격까지도 손상시키는 죄악입니다.

　이를 안타깝게 여긴 바울은 고린도교회의 성도들에게 이렇게 이야기합니다.

> 너희 몸이 그리스도의 지체인 줄을 알지 못하느냐 내가 그리스도의 지체를 가지고 창녀의 지체를 만들겠느냐 결코 그럴 수 없느니라 고린도전서 6:15

왜 그렇습니까? 내 영혼만 예수님을 믿는 것이 아니라 내 몸 전체가 하나님과 관계를 맺고 있는 예수 그리스도의 한 부분이기 때문입니다. 즉 우리는 몸, 마음, 정신 모두를 가지고 예수님과 관계를 맺는 존재라는 것입니다. 우리의 몸 안에 거하시는 하나님의 성령과 함께 바른 판단으로 우리의 삶을 열어가라고 말씀하시는 것입니다.

모든 것이 가하나 다 유익이 아니다

고린도교회의 교인들은 '나는 예수를 믿고 자유자가 되었으니 무슨 일을 해도 상관이 없다'라고 여겼습니다. 구원파들의 주장이 이렇습니다. "하나님께 죄를 회개하고 용서를 받았다면, 이제는 무슨 짓을 해도 괜찮다. 너는 이미 용서받은 죄인이다." 이는 인간이 가져야 할 윤리적인 책임, 자기 삶의 책임을 저버리게 하는 것입니다.

하지만 바울은 우리가 바르게 판단해야 한다고 말합니다. 생각하는 신앙을 가질 것을 권고하며 이렇게 이야기합니다. "모든 것이 내게 가하나……"(고린도전서 6:12). 이 말씀은 바울 자신뿐 아니라 고린도교회에도 해당되는 말씀이었습니다. 왜냐하면 너희와 내가 '자유자'이기 때문입니다. 그런데 달라지는 부분이 있습니다. "모든 것이 내게 가하나 다 유익한 것이 아니요." 너희들은 모든 것을 할 수 있다고 하지만 그것은 아니라는 것입니다.

예수님을 믿으면 모든 것이 다 가능합니다. 하나님이 우리에게 모든 자유를 허락하셨습니다. 그러나 제한이 있습니다. 하나님을 위해, 그리고 교회의 덕을 위해 우리가 유보해야 할 것도 있습니다. 남을 살리기 위해 내 자유를 잠시 멈출 수 있어야 합니다. 그것이 하나님이 우리에게 주신 자유입니다.

그리스도인에게 개인의 자유란 죄를 짓기 위한 자유가 아닙니다. 이웃에게 상처를 입히는 자유는 더더욱 아닙니다. 공동체를 무너뜨리고 남의 생명을 빼앗는 자유도 아닙니다. 남을 함부로 험담하고, 비난하고, 조롱하는 비인격적인 자유가 아닙니다. 그래서 바울은 우리를 가르칩니다. 무엇보다 그리스도의 마음을 품고 생각하는 신앙을 가지라고 말입니다.

종종 예수님을 믿는 것을 술 취함에 비유하는 사람들이 있습니다. 그러나 이 비유는 적절하지 않습니다. 술에 취하면 어제 저녁에 무슨 말을 했는지, 무슨 행동을 했는지 다 잊어버립니다. 성령이 충만한 것은 이와 다릅니다. 술이 마취제라면 성령 충만은 각성제라고 할 수 있습니다. 성령 충만하면 내가 어떤 존재인지, 내 이웃이 얼마나 소중한 존재인지, 하나님이 내게 주신 천하 만물이 얼마나 큰 축복인지를 꿰뚫어 알게 됩니다. 그것이 성령의 사람, 그리스도의 마음을 가진 사람들의 모습입니다. 사도 바울은 놀라운 말씀으로 우리를 가르칩니다.

> 누가 주의 마음을 알아서 주를 가르치겠느냐 그러나 우리가 그리스도의 마음을 가졌느니라 고린도전서 2:16

예수님을 믿는 사람들은 그리스도의 생각, 그리스도의 이성, 그리스도의 판단을 갖게 된다는 것입니다. 그것이 바로 성령이 거하시는 사람들의 증거입니다. 이와 같은 놀라운 말씀이 계속 이어집니다.

> 너희 몸은 너희가 하나님께로부터 받은 바 너희 가운데 계신 성령의 전인 줄을 알지 못하느냐 고린도전서 6:19

내 마음에만 성령이 임하신 것이 아니라 내 몸 안에 성령께서 내주內住하십니다. 내 인격 전체를 대변하는 내 몸에 성령이 계신다는 것입니다. 내 몸이 곧 하나님의 집이고, 하나님의 전이라고 사도 바울은 우리를 가르칩니다.

내가 너를 세상에 자랑하고 싶다

저는 예수님을 처음 믿을 때, 성령께서 제게 임하신다는 말씀을 참 좋아했습니다. 그런데 한편으로는 "성령님, 나와 동행하시옵소서"라고 기도하는 것이 조금 겁나고 불편했습니다. '성령이 항상 같이 계시면 어떠할까? 성령이 나를 도청하는 걸까? 감시하는가? 나는 나대로 살고 싶은데 왜 성령에 의해 제한되고 방해받아야 하는가?' 겁나기도 하고, 자유를 잃을 것만 같았습니다. 답답하고 귀찮은 일이 아닌가 싶어 성령의 도우심과 함께하심을 바라면서도 '성령님, 잠깐만요!'라고 성령을 제한했던 적도 있습니다. 그러다가 하나님이 깨달음을 주셨습니다.

'아, 물고기가 자유를 누리려면 물이 있어야 하듯, 들판에서 뛰노는 짐승이 마음껏 뛰놀려면 그 안에 공기가 있어야 하듯이 성령님은 내가 하나님의 사람으로 자유롭게 뛰놀 수 있게 도와주시는 하나님의 선물이구나!' 이 사실을 깨닫게 되면서 "주님, 내가 주님께 맡깁니다. 성령이시여, 나를 인도하시옵소서. 나를 도와주시옵소서"라고 기도하게 되었습니다.

예수님이 제자들을 향해 "하나님의 나라에 들어가려면 어린아이처럼 되어야 한다"라고 말씀하신 의미도 그때 깨닫게 되었습니다. 아이를 키워보셨습니까? 아프면 '앙!' 하고 울어버립니다. 배가 고프면 소리를 지릅니다. 엄마가 "얘야, 이제 목욕하자"라고 말하며 옷을 벗기면 아들, 딸들은 창피하다고 도망갑니다. 하지만 우리는 그 모습 그대로를 좋아합니다.

하나님 앞에서 성령의 사람으로 살아간다는 것은 다른 게 아닙니다. 어린아이처럼 "하나님, 내가 내 몸을 하나님께 맡깁니다. 성령께서 내 안에 계셔서 나를 이끌어주시옵소서"라고 고백하며 하나님께 모든 것을 내어 맡기면 됩니다. 내 몸 안에 성령께서 임하시는 것 자체가 축복입니다.

왜 하나님은 우리 몸에 성령으로 임하여 함께하기를 원하실까요? 구약을 보면 그때도 하나님은 늘 인간을 찾아오십니다. 인간과 함께 있기를 원하십니다. 바로 사랑 때문입니다.

예수님이 이 땅에 오셨을 때, 하나님은 예수님을 통해 성령을 우리에게 부어주사 우리와 함께하시겠다고 하셨습니다. 왜 그러셨습니까? 다른 것 때문이 아닙니다. "네가 바로 나를 대변하는 자다. 네가 바로 작은 그리스도다. 내가 너를 세상에 자랑하고 싶다." 하나님의 사람, 성령의 사람, 나의 생각과 뜻을 아는 믿음의 사람을 세상에 표시하고 싶은 하나님의 마음 때문이었습니다.

하나님과 함께하는 삶

흔히 '머리로 생각하고 가슴으로 사랑하라'라는 말을 합니다. 그러나 바울의 말씀을 살펴보면, 머리로 생각하고 가슴으로 사랑하는 것은 이원론적 삶입니다. 바울은 이렇게 이야기합니다. "생각을 몸으로 하라. 실존 전체를 걸고 생각하라. 기도도 몸으로 하라. 네 몸 전체를 하나님께 기도하면서 드려라. 네 몸으로 예배를 드려라. 사랑하는 것도 네 몸으로 하라."

그래서 사도 바울은 로마서 12장 1절에서 "너희 몸을 하나님이 기뻐하시는 거룩한 산 제물로 드리라 이는 너희가 드릴 영적 예배니라"라고 했습니다. 왜냐하면 우리 안에 하나님이 살아 계시고, 성령께서 내주하시기 때문입니다.

하나님은 우리와 함께하기를 원하십니다. 우리에게 자유를 주시기 위해서, 우리를 하나님의 아들과 딸로 세우시기 위해서, 우리를 믿음의 사람으로 세상에 자랑하고 싶으셔서 우리와 함께하기를 원하십니다. 우리가 작은 그리스도가 되어서 우리 가정이 복을 받고 우리가 밟는 땅마다, 만나는 사람마다 복을 받길 원하십니다. 그래서 우리를 통해 이 사회와 세계에 하나님이 주신 생명의 역사, 은혜의 역사, 사랑의 역사가 나타나게 되기를 바라십니다. 그것이 하나님이 우리 안에 거하시는 이유입니다.

이제 날마다 "하나님, 내가 어린아이처럼 하나님께 나를 맡깁니다. 내 마음과 몸에 임재하시고 내주하셔서 하나님의 사람으로 세상을 향해서 담대히 나아가게 하옵소서"라고 기도하며 하루를 시작해보는 것입니다. 그렇게 된다면 성령께서 임하시는 내 몸, 내 삶, 그리고 그 하루가 온전한 하나님의 날이 될 것입니다.

내 안에 임재하시는 하나님, 내 몸이 성령께서 거하시는 하나님의 집임을 깨닫습니다. 이제 내 몸으로 기도하고 찬양하며 하나님께 예배드립니다. 이제 작은 그리스도가 되어 몸으로 이웃을 사랑하겠습니다. 내 안에 있는 생명과 사랑, 자유를 세상에 마음껏 증거하고 누리며 사는 하나님의 자녀가 되게 하옵소서.

생명

생명을 품는 사람이
복이 있다

큰 소리로 불러 이르되 여자 중에 네가 복이 있으며 네
태중의 아이도 복이 있도다 누가복음 1:42

생명 잉태의 복

　결혼식의 주례를 서게 될 때 제가 반드시 요구하는 사항이 있습니다. 부부가 될 두 사람에게 자녀를 둘 이상 낳으라고 권면하는 것입니다. "이 조항에 서명하지 않으면 주례를 하지 않겠다"라고 말하기도 합니다. 아버지가 되는 자랑스러움, 어머니가 되는 기쁨을 모든 부부가 누릴 수 있으면 좋겠습니다. 이것이 얼마나 큰 하나님의 축복인지 그들이 알기를 원합니다.

　그런데 결혼한 이들로부터 생명을 잉태하는 것이 생각만큼 쉽지 않다는 소식을 듣습니다. 실제 통계를 봐도, 결혼 후 자녀를 가지려 해도 갖지 못하는 부부가 의외로 많습니다. 일곱 쌍 중 한 쌍이 그와 같은 어려움에 처해 있다고 합니다. 특별히 여성들에게 불임은 스트레스의 원인이 되어 우울증을 유발하기도 합니다. 실제로 불임을 겪고 있는 여성들에게 물어보면, 40퍼센트 이상이 매우 심각한 스트레스를 받고 있고, 50퍼센트 이상은 어느 정도의 스트레스를 받고 있다고 합니다. 무려 90퍼센트 이상이 불임으로 인해 힘들어하고 있다는 것입니다.

그런데 이와 반대로 하룻밤 불장난으로 임신하여 잉태된 아이들이 있습니다. 생각만 해도 가슴이 먹먹해지고 마음이 아픕니다.

하나님을 온전히 신뢰한 두 여인

같은 시기에 아이를 잉태한 두 여인이 있습니다. 그들은 엘리사벳과 마리아입니다. 엘리사벳은 나이가 많았는데 아이를 갖지 못해 고통 가운데 있었습니다. 그러던 어느 날 천사가 그녀의 남편 사가랴를 찾아와 아들을 낳게 될 것이라 예언해줍니다. 이 소식을 들은 엘리사벳은 기쁘고 감사한 나머지 노래를 부릅니다.

주께서 나를 돌보시는 날에 사람들 앞에서 내 부끄러움을 없게 하시려고 이렇게 행하심이라 하더라 누가복음 1:25

아마 그녀는 그동안 수많은 질책과 조롱을 들어왔을 것입니

다. "야, 너는 아이도 못 낳는 여자야." 그런데 하나님이 그 수치를 벗겨주시겠다고 하십니다. 그녀는 기쁨의 노래를 부르지 않을 수 없었습니다.

하나님은 엘리사벳의 남편 사가랴를 통해 아들 이름을 '요한'이라고 명명해주십니다. 그 아이가 바로 세례 요한입니다.

마리아는 그 반대입니다. 그녀는 아직 아이를 가져서는 안 됩니다. 요셉과 약혼은 했지만 아직 결혼을 하지 않은 상태였기 때문입니다. 그런데 가브리엘 천사가 와서는 "네가 아들을 낳을 것이다"라고 이야기합니다. 그것도 성령으로 아들을 낳겠다고 하니 마리아로서는 놀랄 수밖에 없습니다. 그저 당혹스럽기만 합니다. "저는 결혼도 하지 않았는데 어떻게 이 일이 가능합니까?" 마리아는 천사에게 항의하듯 물었습니다. 그때 천사가 이렇게 대답합니다.

> 보라 네 친족 엘리사벳도 늙어서 아들을 배었느니라 본래 임신하지 못한다고 알려진 이가 이미 여섯 달이 되었나니 대저 하나님의 모든 말씀은 능하지 못하심이 없느니라 누가복음 1:36-37

마리아는 두렵고 떨려서 도대체 이 일을 어떻게 감당해야 할지 몰랐습니다. 그러나 그녀는 엘리사벳이 아이를 가졌다는 소식에 이어 "하나님의 말씀은 능하지 못하심이 없다"는 천사의 대답을 듣고 놀라운 고백을 합니다.

> 마리아가 이르되 주의 여종이오니 말씀대로 내게 이루어지이다 하매 천사가 떠나가니라 누가복음 1:38

창세기에 등장하는 하와는 하나님의 말씀에 순종하지 않았지만, 마리아라는 이 여인은 "말씀대로 내게 이루어지기를 원합니다"라고 고백합니다. 이렇게 모든 것을 하나님 앞에 맡길 때, 생명의 사건이 일어납니다. 그렇게 마리아 역시 남편 요셉을 통해 '예수'라는 아들의 이름을 받습니다. 그 이름의 뜻은 '자기 백성을 그들의 죄에서 구원할 자'입니다.

생명, 감사의 이유

'생명'이라고 할 때, 무엇이 가장 먼저 떠오릅니까? 자녀가 있다면 혹시 첫아기를 가졌을 때의 그 느낌을 지금도 기억합니까? 신비로우면서도 두렵고, 당혹스러우면서도 기뻤을 것입니다. 저 역시 아내가 임신했다는 소식을 듣고 '어떻게 하지?'라는 두려움도 있었지만, 한편으로는 자랑스러웠습니다.

저는 형제가 많지 않았던 터라, 결혼 후에 하나에서 둘이 되고, 둘에서 또 셋이 되는 것을 지켜보며 더 깊이 감사할 수 있었습니다. 결혼하여 처음 아내에게 했던 말이 "아이를 다섯은 낳자"라는 것이었습니다. 결국 셋으로 합의를 보게 되었지만 말입니다.

아내와 함께 자녀를 위한 기도를 드리면서 자녀의 이름을 짓는 데에 바람이 생겼습니다. 첫 번째 바람은 '올바를 의義'가 들어갔으면 좋겠다는 것이었습니다. 예수님을 뒤따랐던 세례 요한이 저희 부부의 눈에 들어왔습니다. 세례 요한은 '예수님을 가장 높이기 위해서 자기 자신을 가장 낮춘 자'였습니다. 또한 그는 하나님의 의를 온전히 드러낸 인물이었습니다. 그래서 아이를 낳으면 이름에 '의'를 넣고, 의의 사람인 세례 요한을 닮게 키우자고 이야기했습니다.

그리고 아들을 낳으면 '빛날 혁爀'과 '어질 현賢'을 넣어 이름을 지으면 좋겠다 싶었습니다. 딸을 낳으면 이 '의'를 비추는 '거울'이 되었으면 좋겠다는 마음에 이름에 '경鏡'을 넣겠다고 생각했습니다. 그래서 결정한 대로 첫아이 이름엔 '혁'자를 넣었고, 둘째아이 이름엔 '경'자를 넣었습니다.

그리고 나서 처음 합의한 대로 셋째도 낳자 했더니, 아내가 이렇게 대답했습니다. "둘은 내가 낳았고 셋째는 이미 당신이 낳았어요." 그게 무슨 뜻인가 물었더니, 아내는 힘들게 공부하며 학위를 받았을 때 논문의 제목이 무엇이었는지 기억하느냐고 되물었습니다. 논문의 제목은 〈예수님, 곧 하나님의 지혜〉였습니다. 그러자 아내는 "지혜가 바로 '현'이 아니냐"며, "그러니까 셋째아이는 이미 당신이 낳았다"라고 이야기하는 게 아닙니까?

그 이야기를 들었을 때 저는 참으로 감사했습니다. '내 아들과 딸이 하나님의 선물인 것처럼 내가 공부하게 된 것도 하나님의 선물이었구나'라는 생각에 감사했습니다. 더불어 자녀들을 세례 요한처럼 하나님의 의를 빛나게 하는 존재들로 키우고 싶은 소망이 생겼습니다.

생명, 하나님의 은혜

다시 누가복음으로 돌아가면, 마리아가 당혹스러워하는 장면이 등장합니다. '이 일을 어떻게 하지? 어떻게 이 아기를 낳지? 어떻게 키우지? 다른 사람들이 물어보면 어떻게 이야기하지?' 심각한 고민에 빠진 마리아의 마음에 불현듯 엘리사벳이 떠오릅니다. '그분께 이 소식을 알려야겠다. 그녀도 임신을 했으니 내 마음을 알아주시겠지!' 마리아는 마음이 급했습니다.

> 이때에 마리아가 일어나 빨리 산골로 가서 유대 한 동네에 이르러 사가랴의 집에 들어가 엘리사벳에게 문안하니 누가복음 1:39-40

'빨리'라는 부사가 들어 있습니다. 마리아의 마음이 얼마나 급했는지 보여주는 구절입니다. 그녀는 빠른 걸음으로 엘리사벳이 사는 동네에 도착합니다.

엘리사벳이 누구입니까? 생명을 잉태하지 못해 근심과 염려로 하루하루를 살았던 사람입니다. 마리아는 누구입니까? 생명을 잉태하게 되어 부끄럽고 두려워 어찌할 줄 몰랐던 사람입니다. 둘 다 임신했는데, 한 사람은 임신을 기다리던 사람이었고 다른 한 사람은 임신으로 인해 두려움을 갖게 된 사람입니다. 인류의 위대한 두 어머니의 임신이 그러했습니다. 바로 이 두 어머니, 세례 요한의 어머니 엘리사벳과 예수님의 어머니 마리아가 이제 만나게 된 것입니다.

생명을 가진 사람만이 생명을 이해할 수 있습니다. 생명을 가진 사람만이 생명을 위로할 수 있습니다. 생명을 가진 사람만이 생명을 축하할 수 있습니다. 바로 이 사실을 깨달았기 때문에, 두 사람은 서로를 보듬어줄 수 있었습니다. 어떻게 깨달았을까요? 무엇으로 깨달을 수 있었을까요? 하나님의 말씀으로부터 깨달았습니다.

젊은 나이, 열다섯 살도 채 되지 않은 어린 소녀에게 닥친 임신이라는 사건은 마리아를 곤혹스럽게 했습니다. '왜 내게 이런 어려움이 왔지?'라고 남의 탓을 할 수도 있었습니다. 아니, 하나님을 원망하고 비난하는 것이 당연해 보입니다. "왜 나를 이런 곤궁에 빠뜨리십니까?"라고 항의해야 마땅했습니다.

바로 그때 엘리사벳이 그녀에게 믿음의 친구가 되어주었습니다. 마리아에겐 믿음의 친구, 생명의 친구가 필요한 때였습니다. 어떻게 얻었든지 간에, 생명은 소중한 것임을 알려줄 친구가 필요했습니다. 마리아에게 엘리사벳이 그런 친구였습니다. 엘리사벳은 성령 충만했습니다. 그녀는 마리아가 걸어오는 것을 바라보며 노래를 부르기 시작합니다. 하나님께 영광을 돌립니다. 여기에 축복의 말까지 더합니다.

> 큰 소리로 불러 이르되 여자 중에 네가 복이 있으며 네 태중의
> 아이도 복이 있도다 누가복음 1:42

이 노래는 충격적인 동시에 위로가 되는 노래입니다. 가브리

엘 천사가 마리아에게 와서 처음으로 인사를 건넬 때도 이런 축복의 말을 건넸습니다. 마리아를 하나님의 "은혜를 받은 자"라고 불렀습니다. 그런데 어떻게 처녀가 임신한 것이 하나님의 은혜가 될 수 있었을까요? 마리아에게는 받아들이기 너무나 힘든 이야기입니다. 하지만 하나님의 성령으로 잉태될 생명이었기에 기쁨 중의 기쁨이 되는 소식이었습니다.

하나님은 이 사건을 통해 우리에게 말씀하십니다. "예수가 곧 생명이다. 예수의 생명을 가진 것이 축복이다. 예수의 생명이 곧 하나님의 은혜다." 이 말씀을 통해 생명은 생명을 알아보고 위로하며, 또 다른 생명으로 이어진다는 사실을 우리는 깊이 깨달아 알 수 있습니다.

살리시는 하나님의 역사

생명은 내 것이 아닙니다. 스스로 태어나고 싶어서 태어난 사람이 어디 있습니까? 부모의 사랑이 내게 생명으로 전달된 것입니다. 하나님이 생명을 내게 허락해주신 것입니다.

잉태의 기쁨, 생명의 기쁨은 여성에게만 있는 것이 아닙니다. 우리 한 사람 한 사람이 이미 생명체로 살아가고 있습니다. 바로 나에게 생명이 있는 것입니다. 그렇다면 우리는 이 생명을 어떻게 대하고 있습니까?

이 시대를 보면 참으로 많이 걱정됩니다. 생명의 소중함을 잃어버린 채 생명을 멸시하고 조롱하는 시대입니다. 모든 인간에게는 자신에게 주어진 생명의 복이 있습니다. 그러나 우리는 때로 이 생명을 부정하려 합니다. 생명을 누리며 살지 못하고 오히려 파괴하려 합니다.

남을 무시하는 사람들의 특징이 무엇입니까? 자기 자신을 무시합니다. 남을 함부로 조롱하는 사람은 자신도 모르게 스스로를 조롱하고 있는 것입니다. 무엇인가 갈등이 있어야 오히려 위로를 받는 사람들이 있습니다. 자기는 행복하지 않다고 주장하며 또 행복해져서는 안 된다고 자기암시까지 하는 사람들이 얼마나 많은지 모릅니다. 그런데 이런 마음을 가지면 생명 안에 거할 때도 그 기쁨을 마음껏 누릴 수가 없습니다.

자기 자신을 끊임없이 불행한 사람들과 동일시하고 계속 비극 속에 머물면서 그 탓을 누군가에게 돌리고 싶어 하는 사람들의 특징은 무엇입니까? 남의 약점과 문제점을 자꾸 들추어내는 것입니다. 자신을 부정적으로 보고 인생에 대해 분노합니다. 내가 만난 위기, 내가 겪은 어려움, 내가 당한 불행을 모두 부모 탓으로 돌립니다. 친구 탓이라고 합니다. 선생 탓이라고 말합니다.

사회 탓, 국가 탓이라고 합니다. 그러면서 스스로를 예언자처럼 남들이 보지 못하는 깊이 있는 것을 보고 있다고 여깁니다.

세상에 문제가 있다는 것을 모르는 사람은 없습니다. 국가에도 문제가 있고, 국정을 운영하는 사람들, 여야 정치인과 기업인들에게도 문제가 있습니다. 크고 작은 기업 안에도 문제가 있습니다. 세상에 문제없는 곳이 어디 있겠습니까? 우리가 그 사실을 알지 못해서 지적하지 않는 것이 아니지 않습니까? 우리의 삶을 그곳에 매몰시켜버리면 하나님이 우리에게 선물로 주신 이 위대한 생명을 놓쳐버릴 수 있습니다.

하나님이 우리에게 생명을 주셨습니다. 그리고 우리에게 말씀하십니다. "네 인생의 각본을 네가 한 번 만들어보거라. 내가 네게 준 생명의 주체자는 바로 너다."

우리는 종종 그런 생각을 합니다. '목사님, 내 생명도 부지하기 힘든데 무슨 남의 생명까지……. 저 하나 건사하는 것도 힘듭니다.' 물론 하루하루 생명을 보존하는 게 쉬운 일은 아닙니다. 우리는 매일 전쟁터와 같이 치열하고 살벌한 삶을 경험하고 있지 않습니까. 하지만 우리는 예수님을 믿는 사람들입니다. 예수님은 우리의 생명이십니다. 예수님을 믿는 순간, 생명이 내 안에 잉태되는 것입니다. 여인이 자기 아들과 딸을 뱃속에서 잉태하는 것처럼 예수님을 믿는 사람들은 예수의 생명을 가슴에 잉태한 사람들입니다. 그래서 하나님이 예수님의 생명을 통해 이 땅을 살아가라고 우리를 초청하신 것입니다.

성경을 읽어보면 성경에는 두 가지 흐름이 있습니다. 하나는 '죽임'의 역사입니다. 사람을 미워하고 증오와 갈등을 일으켜 죽이는 역사, 즉 가인의 역사입니다. 이 죽임의 역사는 사탄이 주도하는 역사입니다. 그러나 또 다른 편의 역사가 있습니다. '살림'의 역사입니다. 연약한 자의 팔을 굳게 세워주는 역사입니다. 고통과 절망 속에서 모든 것을 포기하려는 사람들에게 희망을 부어주는 새 생명의 역사입니다. 하나님의 역사는 바로 이 살림의 역사, 새 생명의 역사입니다.

오늘을 살기로 결심하라

예수님이 이 땅에 오신 이유가 무엇일까요? 또한 가장 비천한 자리에 오신 이유가 무엇일까요? 왜 말구유에서 태어나셨을까요? "비천한 자들아, 나보다 더 비천한 자가 있느냐? 용기를 내어라. 하나님의 아들인 나도 가장 비천한 곳에서 시작했는데 너희들은 어찌하여 스스로 좌절하고 남의 탓만 하면서 무너져가느냐. 다시 일어서라. 다시 생명을 가져라. 내 생명을 너희에게 전해주겠다." 이렇게 말씀하시기 위해서입니다. "내가 네게 생명을 주니 너는 멋지게 살아라"라고 우리에게 말씀하고 계십니다.

러시아의 문호였던 톨스토이는 이렇게 이야기했습니다. "네가 행복하기를 원한다면 살아라. 죽지 말고 사는 것이 행복의 시작이요, 비결이다." 행복하고 싶다면 주어진 삶을 살아내라는 것입니다.

고대 교부였던 어거스틴은 또 이런 말을 했습니다. "춤을 배워라. 그렇지 않으면 하늘의 천사들이 너와 함께 시작할 수 있는 것이 아무것도 없다." 스스로 활기차게 춤을 추어야만 하나님도 도와주신다는 이야기입니다. 푹 주저앉아서 모든 것을 포기하면 하나님도 도우실 수가 없다는 것입니다.

안젤름 그륀 수사修士는 늘 불만을 가진 사람들에게 이렇게 권면합니다. "아침마다 자명종이 울리면 살기로 결심해라. 오늘을 살기로 결심해라. 살아 있다는 것을 하나님께 감사하라. 오늘을 그대로 받아들여라. 오늘을 살기로 결심하면 너를 울게 하는 많은 일들이 닥친다 해도 너는 활력과 기쁨을 잃지 않을 것이다."

우리는 예수님의 생명을 가슴에 잉태하고 예수님과 더불어 사는 사람들입니다. 살아 있다는 것, 내가 생명을 가졌다는 사실로 인해 하나님을 찬양해야 합니다. 그리고 주님과 함께, 주님의 생명을 가슴에 품고 살아가야 합니다. 이것이 부활의 생명, 희망의 생명입니다. 하나님이 주시는 영원한 생명입니다. 바로 이 생명을 가슴에 품고 내가 몸담고 있는 가정과 직장, 공동체로 나아갈 때, 이 땅이 생명으로 가득 차게 될 것입니다.

part

2

세상을 향해

THEME 10
고난

그리스도의 남은 고난을
채우라

나는 이제 너희를 위하여 받는 괴로움을 기뻐하고 그리
스도의 남은 고난을 그의 몸된 교회를 위하여 내 육체
에 채우노라 골로새서 1:24

신앙의 세 단계

우리 신앙의 모습은 다 똑같을까요, 아니면 사람의 얼굴만큼 다다른 걸까요? 아마 조금씩이라도 다 다를 것입니다. 이렇게 각기 다른 신앙의 모습을 크게 두 가지로 나눈다면, 첫째로 예수님을 믿고 영혼이 밝아져 따뜻함을 풍기는 사람입니다. '예수님을 믿는다면 저 사람처럼 믿고 싶다'라는 생각이 들게 하는 사람입니다. 그들에게서는 늘 감사의 고백이 영혼으로부터 흘러나옵니다. 둘째로 예수님을 믿는다고 하면서도 늘 지치고 피폐한 사람입니다. 그들을 보면 '예수님을 믿는데 왜 저렇게 살까? 왜 늘 불평만 하고 남의 탓만 할까?'라는 생각이 듭니다.

저의 신앙을 되돌아보며 '신앙에도 몇 가지 단계가 있는 건 아닐까?'라는 생각을 해보았습니다. 크게 세 가지 단계로 나눌 수 있을 것 같습니다. 첫 번째 단계는 '하나님이 나를 위해 계셔야 한다고 여기는 단계'입니다. 즉 내가 가진 문제를 해결하기 위해 하나님이 필요한 단계입니다. 하나님께 무언가를 달라고 요청할 때의 마음 상태라고 생각하면 됩니다. '하나님, 건강 좀 주세요! 하나님, 돈과 재물을 얻게 해주세요! 하나님, 잘나가는 직책도 얻고, 지위도 갖고, 명예도 얻도록 나를 밀어주세요!'

샤머니즘적 신앙, 복 받는 것만을 추구하는 '굿하는 신앙'이라고도 표현할 수 있습니다. 모든 사람들이 비슷하게 이 단계를 지납니다. 내 문제를 해결하기 위해서, 내 연약함을 극복하기 위해서, 내가 가진 고통을 해결하기 위해서 하나님을 믿는 것입니다. 하나님은 나를 위해 존재해야 한다고 여기며, 나를 도와주는 하나님이 아니라면 그 하나님은 소용없는 분이라고 여기는 단계입니다.

그러면서 하나님의 말씀을 읽습니다. 하나님께 기도도 합니다. 그렇게 믿음의 공동체에 들어갑니다. 그리고 두 번째 단계에 들어서게 되는데, 바로 '하나님을 위해 하나님을 더 깊이 믿게 되는 단계'입니다. '하나님은 어떤 분일까? 예수님은 어떤 말씀을 하셨고, 어떤 사람들을 찾으셨을까?' 하고 궁금해하는 시기입니다. 하나님의 하나님 되심이 자랑스럽고 감사해지는 때입니다. 이 때는 예수님의 예수님 되심이 거룩하고 귀한 것으로 다가오기 시작합니다. 그때부터 하나님의 마음이 읽힙니다. 하나님이 어떤 긍휼한 마음으로 인간을 찾아오셨는지, 나 같은 사람까지 찾아오셔서 불러주시는 이유가 무엇인가 궁금해지면서 하나님과의 교제가 시작됩니다. 마음 깊이 하나님을 찬양하기 시작합니다.

성경 속 믿음의 선배들은 하나님과 사귀면서 하나님을 노래하고 찬양했습니다. "하나님은 나의 반석이십니다. 나의 피난처이십니다. 나의 산성이십니다. 나의 생명이요, 나의 구원이요, 나의 희망이자 은총이십니다." 그때부터 신앙생활이 즐거워지기 시작합니다. 인격적인 하나님과 사귀고 있기 때문입니다. 인격을 알아가는 배움, 사랑을 경험하는 자리로 나아가게 된 것입니다. 바로 그 자리에서 성숙함에 이른다고 할 수 있습니다.

그러나 이보다 한 걸음 더 나아가는 세 번째 단계가 있습니다. '하나님을 위하여 나 자신을 드리는 단계'입니다. 하나님이 나를 사랑하심을 알고 나도 하나님을 사랑하게 되면 마음에 소원이 생깁니다. '하나님이 기뻐하시는 게 무엇일까? 하나님이 좋아하시는 게 무엇일까? 하나님의 뜻을 내 것으로 삼고 싶은데 그것이 무엇일까?'라고 생각하며, 하나님을 궁금해하고 하나님이 좋아하시는 것을 드리고 싶어 합니다.

연애하던 때가 기억납니까? 수많은 사람들이 있어도 내가 좋아하는 사람은 한눈에 들어옵니다. '사랑하는 사람을 위해 무엇을 해줄까? 무엇을 하면 이 사람이 기뻐하고 좋아할까?'라고 생각하지 않습니까? 이렇듯 사랑하는 사람이 생기면 사랑의 꽃

이 피어납니다.

'나의 나 된 것'이 하나님의 은혜인 줄 알고 하나님을 위해 내 인생을 어떻게 드릴까 생각하는 것, 태양이 지구를 향해서 도는 것이 아니라 지구가 태양을 향해 돌아가는 것임을 깨닫는 것. 이렇게 패러다임paradigm의 전환이 일어나는 시기가 바로 신앙의 세 번째 단계입니다. 그 뒤로는 '하나님, 이제는 주님을 위해, 주님을 뜻을 실천하기 위해서 제 인생을 드리고 싶습니다'라고 기도하게 됩니다.

고난받을 준비가 된 사람

첫 번째 신앙의 단계에 있는 사람에게 누군가 다가와서 "우리가 예수님을 위해 함께 고난을 당하자!"라고 한다면 '이 사람, 이상한 사람이네'라고 생각하지 않겠습니까? "아니, 고난을 해결받기 위해 예수를 믿으려고 하는데 예수 믿고 고난을 당하자니 무슨 헛소리인가?" 아마 이런 반문을 듣기도 할 것입니다.

예수님의 부름을 받은 베드로가 예수님을 모시며 살았지만, 그가 예수님이 어떤 분인지 전적으로 깨닫기까지는 시간이 한참 걸렸습니다. 빌립보 가이사랴에서 예수님은 제자들에게 이렇게 물으셨습니다. "얘들아, 너희는 나를 누구라고 하느냐?" 그때 베드로는 예수님에 대해 나름대로 많은 것을 깨닫고 있었습니다. 그래서 "당신은 그리스도이십니다. 메시아이십니다. 살아 계신 하나님의 아들이십니다"라고 고백할 수 있었습니다.

그러나 이 고백은 이제 막 시작되는 고백이었습니다. 이 고백을 들으신 예수님은 '네가 이제 시작점에 왔구나! 지금껏 나에 대한 판단이 마이너스이더니 이제는 제로 포인트까지 왔구나. 이제 나와 함께 갈 수 있겠구나!'라고 생각하셨습니다. 예수님은 베드로를 칭찬하셨고, 바로 이때부터 고난의 길을 이야기하기 시작하십니다. "내가 이제 십자가 고난의 길을 걷게 될 것이다."

이 이야기를 들은 베드로는 예수님의 말씀에 맞섭니다. 주님과 함께 자신도 고난을 받겠다고 말하지 않습니다. 대신 펄쩍 뛰었습니다. "아니, 여태까지 주님만 바라보고 따라왔는데, 이제 고난의 길을 가시면 어떡합니까? 주님을 따른 무리는 어떻게 되는 겁니까? 출세하려고, 부자 한번 되어보려고, 살면서 큰소리 좀 쳐보려고 주님을 따라왔는데 고난을 당하라니요?" 베드로는 당혹스러운 표정으로 예수님을 말립니다.

이렇게 고난을 두려워했던 베드로였는데, 사도행전과 그의 삶의 후기들을 살펴보면 그가 완전히 달라졌음을 확인할 수 있습니다. 그 역시 세 번째 단계로 넘어간 것입니다.

죄가 있어 매를 맞고 참으면 무슨 칭찬이 있으리요 그러나 선
을 행함으로 고난을 받고 참으면 이는 하나님 앞에 아름다우니
라 베드로전서 2:20

선한 일을 하고 주님의 일을 하면서 비난받고, 조롱받고, 핍
박받고, 고난을 받으면 이것이 얼마나 아름다운 일이냐고 이야
기합니다. "이제 우리가 주님을 위하여 고난을 받자! 거룩한 고
난에 동참하자!"라고 담대히 말할 수 있게 된 것입니다. 그의 고
백은 한 걸음 더 나아갑니다.

이를 위하여 너희가 부르심을 받았으니 그리스도도 너희를 위
하여 고난을 받으사 너희에게 본을 끼쳐 그 자취를 따라오게 하
려 하셨느니라 베드로전서 2:21

예수님이 우리를 위해서 고난을 받으신 것처럼 우리 역시 세
상의 사람들을 위해 고난을 받자고 초청하고 있습니다.
사명의 사람이 된다는 것은 바로 이 고난의 자리에 들어갈 준
비가 되어 있다는 뜻입니다. 우리는 명예와 직분, 직책을 좋아
하고, 높은 자리에 올라가는 것을 좋아하지만 예수님은 "올라
가면 올라갈수록 고난받을 준비를 해야 네가 속한 공동체가 축

복을 받는다"라고 말씀하십니다.

우리에게 맡겨진 '남은 고난'의 사명

고난이란 괴로운 것이 아닙니까? 누구나 피하고 싶은 것 아닙니까? 반갑지 않은 손님이 고난 아니겠습니까? 그래서 고난은 수동적입니다. '내가 어쩌다 이런 고난과 고통의 자리에 들어왔지'라는 탄식이 나오게 만듭니다.

그런데 고난의 자리에 능동적으로 참여하겠다고 선언한 인물이 있습니다. 바로 사도 바울입니다. 그것도 기뻐하면서 고난에 참여하겠다고 이야기하니, 이게 웬일입니까? "나는 고난받기를 원한다. 고난을 기뻐하겠다"라는 선언이 어디 있겠습니까? 바울은 어떻게 이렇게 말할 수 있었을까요?

> 나는 이제 너희를 위하여 받는 괴로움을 기뻐하고 그리스도의 남은 고난을 그의 몸 된 교회를 위하여 내 육체에 채우노라
>
> 골로새서 1:24

바울은 괴로움을 기뻐한다고 이야기합니다. 충격적인 말입

니다. 고난을 극복하기 위해 예수님을 믿었는데, 내가 부딪치는 괴로움을 이기고 해결하기 위해서 예수님을 믿었는데, 괴로움을 기뻐하다니 이게 무슨 뚱딴지같은 소리입니까?

저는 사도 바울의 말씀을 읽으면서 그를 좋아하게 됐습니다. 존경하게 됐습니다. 고난받는 것을 자원하는 이 사람을 사랑하게 되었습니다. "나를 위해서가 아니라 교회와 성도들을 위해서, 하나님의 이름을 위해서 나는 낮아지고 당신들은 높아지기를 원한다. 나는 세상에서 조롱받고, 당신들은 칭찬받기를 원한다. 나는 죽음으로 내려가도 당신들은 영광받기를 원한다." 세상에 이런 사람이 어디 있겠습니까? 이런 지도자가 또 어디 있겠습니까?

남에게 고통 주는 것을 즐기는 사디스트sadist의 모습일까요? 고통을 받으면서 쾌락을 느끼는 마조히스트masochist의 모습일까요? 아니면 고대 스토아 철학자처럼 육체의 고통에 초연하려는 마음에서 이렇게 말하는 것일까요? 아닙니다. 전혀 그렇지 않습니다.

그는 "남은 고난"이라고 표현했습니다. 왜 남은 고난일까요? 우리를 위해 예수님이 십자가에서 처참히 돌아가셨는데 또 무슨 고난이 남아 있다는 것일까요? 예수님의 십자가 능력이 아무것도 아니라는 뜻일까요? 결코 아닐 것입니다. 그는 골로새서 1장 20절에서 "예수 십자가의 피로 하나님이 이 모든 세상의 피조물을 다 화해시켰다"라고 선포했습니다. 예수님의 죽음이 모든 성도들과 하나님을 화목하게 하는 구원 사건이었다고 가르칩니다. 예수님이 십자가를 지신 사건은 이미 그 자체로 완성된 화해였습니다. 부족한 것 없는 온전한 사건이었습니다.

그렇다면 남은 고난이란 무슨 뜻일까요? 하나님이 계획하신 이 놀라운 은혜의 사건을 우리에게도 맡기셨다는 뜻입니다. "세상은 모른다. 이 놀라운 말씀과 사건을 세상은 모른다. 그러니 네가 증거해라. 사람들은 모르기 때문에 너를 비난할 수 있다. 너를 조롱할 수도 있다. 네가 박해와 조롱을 받고, 위험을 당할 수도 있다. 하지만 그것을 감내해야 이 세상이 축복을 받는다."

마태복음 5장을 보면, 이미 모든 치유와 은혜를 내려주신 예수님이 제자들에게 이와 같이 말씀하시는 것을 알 수 있습니다.

> 나로 말미암아 너희를 욕하고 박해하고 거짓으로 너희를 거슬러 모든 악한 말을 할 때에는 너희에게 복이 있나니 기뻐하고 즐거워하라 하늘에서 너희의 상이 큼이라 마태복음 5:11-12

예수님은 제자들에게 '너희가 핍박과 조롱과 박해를 받고, 사람들이 너희를 욕할 때에 오히려 기뻐하라'고 말씀하십니다.

사도행전을 살펴보면, 겁먹고 도망쳤던 제자들이 예수님의 십자가 부활을 경험하면서 예수님의 마음을 품게 된 것을 확인할 수 있습니다. 그들은 당시의 종교·정치 지도자들에게 위협을 받고, 채찍을 맞게 됩니다. 그런데도 사도행전에는 이러한 기록이 있습니다. 여기서 '그'는 예수님을 나타냅니다.

> 사도들은 그 이름을 위하여 능욕받는 일에 합당한 자로 여기심을 기뻐하면서 공회 앞을 떠나니라 마태복음 5:41

놀랍지 않습니까? 고난받는 것을 두려워해 도망갔던 제자들이 이제는 박해받고 채찍에 맞고 감옥에 들어가는 것을 전혀 겁내지 않게 된 것입니다. 오히려 예수님의 이름으로 박해와 고난을 받게 된 것을 기뻐하고 있습니다.

고난을 두려워하지 않는 믿음

히브리서 11장에는 믿음의 사람들에 대한 이야기가 나옵니다. 그들은 어떤 사람들입니까? 고난을 자원하는 사람들입니다. "너 혼자 뭐하고 있니? 하나님이 어디 계시니? 네 눈에는 보이니?"라고 수많은 사람들이 조롱할 때, 생명을 걸고 하나님의 약속을 지켰던 사람들입니다. 그 어떤 협박에도 '예수님 때문이라면 죽어도 괜찮다'라고 생각한 사람들입니다. 예수님 때문에, 하나님 때문에 고난받을 준비가 되어 있던 사람들입니다. 그래서 성경은 그들을 '세상이 감당하지 못할 사람'이라고 명명하였습니다. 그것은 고난받는 것을 준비한 사람들, 고난받을 것을 기뻐하기로 작정한 사람에게 주시는 하나님의 부르심이었습니다.

성경을 읽다 보면, 하나님의 마음을 발견하게 됩니다. 그렇다면 우리가 사는 이 땅에서 하나님의 마음을 가장 닮았다고 할 수 있는 존재는 누구일까요? 하나님과 비교할 수는 없겠지만 가장 비슷한 존재가 바로 어머니입니다. 어머니는 사랑하는 아들과 딸이 고통 중에 신음하면 자신도 똑같이 그 고통과 아픔에 반응합니다. 아들을 군대에 보낸 어머니들이 왜 그토록 눈물을 흘립니까? 2년 동안 보지 못한다는 것 때문일까요? '내 아들, 이렇게 고이 키운 녀석이 그 고된 훈련을 다 받아낼 수 있을까? 그 어려운 것들을 다 감내할 수 있을까?'라는 안타까움 때문에 가슴 아파하는 것 아닙니까? 어린 자녀가 감기몸살로 열이 펄펄 올라 잠을 못 자서 울고 있으면, 내가 대신 아팠으면 하는 마음에 '하나님, 저 고통을 제게 주시고 아이를 좀 살려주세요!'라고 기도하는 사람이 바로 어머니가 아닙니까!

그런 어머니의 심정을 바울에게서 찾아볼 수 있습니다. 그는 "내가 너희를 위하여 고난받는 것을 기뻐한다"라고 이야기합니다. 주님의 몸 된 교회를 위해 자신이 기꺼이 고난받겠다는 뜻입니다. 예수님이 나를 위해 고난받으셨다면, 나 역시 공동체를 위해 고난을 받겠다는 것입니다. 내가 고난받음으로 이 공동체가 살아날 수 있다면, 내가 낮은 자리로 내려가겠다는 것입니다. 내가 조롱을 받아 이 공동체가 칭찬받을 수 있다면, 내가 그 길로 기꺼이 나아가겠다는 것입니다. 그의 선포에는 '너희를 위하여', '교회를 위하여'라는 말이 계속해서 반복됩니다. 그만큼 바울은 어머니의 심정으로 교회와 성도들을 사랑했습니다.

"내가 괴로움과 고난받기를 결코 두려워하지 않는다"라고 말했던 바울. 이런 담대한 사랑을 그는 어디서 배웠을까요? 그를 거듭나게 하신 예수 그리스도, 바로 그분 안에서였습니다. 예수님을 통해 그는 새로운 사랑을 깨달았습니다. 예수님이 제자들에게 뭐라고 말씀하셨습니까? "내가 내 목숨을 너희를 위한 대속물로 주겠다. 내가 너희를 섬기러 왔다. 그래서 내가 이 고난의 길을 가고 십자가의 길을 간다." 이와 같은 예수님의 모습을 바울이 그대로 닮기 시작한 것입니다.

바울이 어머니처럼 교회를 사랑하게 된 이유는 한 가지였습니다. 그 마음 가운데 보화가 들어 있었기 때문입니다. 하늘의 보화,

예수님의 계시의 비밀이 그 안에 들어 있었습니다. 바울이 가슴에
품은 계시, 모든 이들에게 알려야 할 그 계시란 바로 이것입니다.

> 이 비밀은 만세와 만대로부터 감추어졌던 것인데 이제는 그의 성
> 도들에게 나타났고 하나님이 그들로 하여금 이 비밀의 영광이 이
> 방인 가운데 얼마나 풍성한지를 알게 하려 하심이라 이 비밀은 너
> 희 안에 계신 그리스도시니 곧 영광의 소망이니라 골로새서 1:26-27

감추어졌던 비밀이 나에게 나타났고, 공동체에 나타났고, 이
시대에도 나타났다고 합니다. 이 예수 그리스도의 비밀, 곧 우
리의 희망, 영광의 소망은 예수님이 우리를 위해 죽으셨고 다시
살아나셨다는 복음 그 자체입니다. 이것이 고난을 받아도 두렵
지 않은 바울의 이유였습니다.

예수 그리스도의 심장을 품으라

조선 시대에 암행어사 제도가 있지 않았습니까? 지역 행정관
의 잘잘못을 조사하고, 백성의 사정을 파악하기 위해 암행어사
는 일부러 허름한 옷을 입었습니다. 하지만 아주 담대하고 늠름

했습니다. 이유는 한 가지, 가슴 안에 임금님께 수여 받은 마패馬牌가 있었기 때문입니다.

여러분의 가슴 속에는 무엇이 있습니까? "너는 사랑하는 내 딸이다. 너는 사랑하는 내 아들이다. 내가 너를 기뻐한다"라고 말씀하시는 하나님의 계시의 비밀, 은혜의 비밀, 구원의 비밀이 있습니까? 그 보석과도 같은 비밀이 내 안에 있을 때, 상황을 뛰어넘는 진정한 기쁨과 평화가 세상에 울려 퍼질 수 있습니다. 사도 바울 역시 그 비밀을 가슴에 품고 있었기에 담대히 선포할 수 있었던 것입니다.

그렇다면 그의 목표가 무엇이었을까요? 한 가지입니다.

> 우리가 그를 전파하여 각 사람을 권하고 모든 지혜로 각 사람을 가르침은 각 사람을 그리스도 안에서 완전한 자로 세우려 함이니 골로새서 1:28

이 말씀을 영어 성경에서 찾아보면, "everyone perfect in Christ"라고 표현합니다. 하나님 앞에서 모든 사람을 온전한 자로 세우기 위해서 고난받는 것을 두려워하지 않고 오히려 기뻐한다는 것입니다.

바울은 본래 냉정한 사람이었습니다. 엄격한 사람이었습니다. 그래서 무자비한 사람이기도 했습니다. 자신이 엄격했기 때문에 그 엄격한 기준으로 다른 사람을 가차 없이 내려쳤습니다. 그러나 그런 그가 예수 그리스도를 가슴에 품자, 자기 자신에게는 엄격하나 다른 사람에게는 넉넉한 사랑의 사람이 됩니다. 그 중심에 예수님이 계셨기 때문입니다. 그래서 남은 고난을 채우는 일에 자신의 삶 전체를 드리게 된 것입니다.

우리 모두도 마찬가지입니다. 마음에 예수 그리스도의 심장을 품은 사람, 하늘의 보화를 품은 사람이 되어야 합니다. 그렇게 남은 고난을 가슴에 새기고 삶으로 그 고난을 감당할 때 하나님이 나를 통해 우리 가정을 치유하실 것입니다. 내가 속한 공동체를 하나님의 공동체로 새롭게 세워주실 것입니다. 이러한 그리스도인에게 주님이 귀한 축복을 더하실 것입니다.

prayer

구원의 비밀을 깨닫게 하신 하나님, 예수님 안에 우리를 위한 하나님의 구원의 비밀이 있음을 깨닫습니다. 그리스도가 가신 길을 따라 거룩한 고난에 동참할 수 있게 하옵소서. 그 구원의 비밀을 가슴에 간직하고 남은 고난을 우리 삶에 채워가는 하나님의 사람이 되게 하옵소서.

THEME 11
희망

하나님께 희망을 두라

여호와의 말씀이니라 너희를 향한 나의 생각을 내가 아
나니 평안이요 재앙이 아니니라 너희에게 미래와 희망
을 주는 것이니라 예레미야 29:11

고난 가운데 빛을 발하는 희망

노벨평화상을 받은 넬슨 만델라Nelson Mandela라는 인물을 잘 알고 있을 것입니다. 만델라는 1994년 5월 27일에 남아프리카 공화국 최초의 흑인 대통령으로 취임했습니다. 그리고 정부에 '진실과 화해 위원회Truth and Reconciliation Commission(TRC)'를 결성해 과거사를 청산하겠다고 선포했습니다. 그렇게 용서와 화해가 무엇인지 정치적으로, 사회적으로 보여주기 시작했습니다. 그는 인종차별에 반대하며 투쟁한 흑인들을 잔혹한 방법으로 탄압했던 이들과도 대면했습니다. 그들이 진심으로 잘못을 고백하고 뉘우치는 것을 지켜보았고, 이후 그들을 사면하기도 했습니다. 전례 없는 역사적 사건입니다.

하지만 결국 만델라는 국가반역죄로 종신형을 선고받고 무려 27년 동안 수감 생활을 합니다. 감옥에 수감된 지 14년 만에 딸과의 감격적인 해후를 합니다. 딸은 이미 성숙한 여인이 되었고, 한 아이의 엄마가 되어 있었습니다. 만델라가 속한 부족에서는 새로 태어난 아이의 이름을 할아버지가 지어주는 관습이 있는데, 그는 손녀에게 희망이라는 뜻인 '자지웨Zaziwe'라는 이름을 붙여줍니다. 그는 손녀를 만난 기쁨을 이렇게 표현합니다. "그렇게 부드럽고 연한 피부를 가진 갓난아기를 오랜 세월 동안 삽과 곡괭이밖에 만져보지 못한 나의 거친 손으로 만졌을 때, 이루 말할 수 없는 기쁨을 느꼈습니다. 아마 이 세상 어느 누구도 그때의 저만큼 행복하지는 못할 겁니다."

그리고 희망이라는 이름을 지어준 이유에 대해 이렇게 이야기했습니다. "그 이름은 저에게 특별한 의미를 지니고 있습니다. 왜냐하면 저는 수감 생활 동안 단 한 번도 희망을 버린 적이 없기 때문이지요. 지금도 마찬가지입니다. 이 아이는 인종 분리 정책을 먼 기억 속으로 던져버리고 남아프리카공화국을 이끌어나갈 새로운 세대가 될 것이라 확신합니다. 그것이 저의 꿈입니다."

그는 손녀에게 이름을 붙여주고 나서도 13년을 더 감옥에 갇혀 있었습니다. 27년이라는 세월 동안 그는 기대와 희망을 잃지 않았습니다. 그렇기에 그 인고의 세월을 견뎌나갈 수 있었습니다.

희망을 방해하는 것들

여러분은 어떤 희망을 갖고 있습니까? 희망이 있다는 것이 나를 살려줍니까? 아니면 나를 패배자처럼 만듭니까? 희망은 나를 더 강하게 합니까? 아니면 나를 더 약하게 하여 현실을 도피하게 만듭니까? 희망이 내게 삶의 에너지를 주고 있습니까? 아니면 에너지를 빼앗아가고 있습니까?

사람들은 희망에 대해 두 가지 마음을 갖습니다. 희망을 좋아하면서도 희망을 부담스러워합니다. 왜 그럴까요? 희망만 가지고는 현실 세계를 뒤바꿀 만한 힘이 없다고 여기기 때문입니다. 그래서 "나는 희망한다"라고 하면서도 그 희망을 전혀 신뢰하지 않은 채 살아가는 사람들이 많습니다.

희망을 갖는 것을 방해하는 몇 가지 세력이 있습니다. 첫째는 '절망'입니다. 현실이 너무 척박하다고 생각하고 좌절부터 합니다. 삶의 취약한 여건을 보고 "나 같은 사람은 언제나 역부족이야!"라며 스스로를 깎아내립니다. 자기 자신을 신뢰하지 않습니다. 삶의 부조리와 무의미성 앞에 굴복하는 것입니다.

절망은 일종의 불신앙이라고도 할 수 있습니다. 죄라고도 할 수 있습니다. 절망은 현실을 극복하거나 도전하지 않겠다는 것입니다. 어려운 삶의 자리에 그냥 주저앉겠다는, 폐쇄적으로 나를 막아버리겠다는 뜻입니다. 이러한 절망 속에서는 희망이 싹 트기 어렵습니다.

두 번째는 '싫증과 권태'입니다. 소설가 이상李箱의 수필 《권태》의 한 대목을 소개하겠습니다. "어서—차라리—어둬 버리기나 했으면 좋겠는데, 벽촌僻村의 여름날은 지리해서 죽겠을 만치 길다. 동東에 팔봉산八峯山, 곡선은 왜 저리도 굴곡이 없이 단조로운고? 서를 보아도 벌판, 남을 보아도 벌판, 북을 보아도 벌판, 아— 이 벌판은 어쩌라고 이렇게 한이 없이 늘어놓였을고? 어쩌자고 저렇게까지 똑같이 초록색 하나로 되어 먹었노?"

여기에 보면 '지루하다. 죽을 것같이 길다. 너무 단조롭다. 동을 봐도, 서를 봐도, 남을 봐도, 북을 봐도 똑같다' 등의 내용이 나옵니다. 아름다운 푸른 초장을 보면서 '왜 이렇게 초록색 색깔로 다 똑같을까?' 하고 권태로워하는 것입니다.

권태와 지루함이 얼마나 우리의 삶을 갉아먹고 있습니까? 보는 것도, 하는 것도 똑같다고 느낍니다. 하루를 지내도 어제와 그제의 반복에 불과하다고 생각합니다. 그래서 지루함과 염증을 느끼면서 몸부림칩니다. 미지를 향한 새로운 가능성을 폐기처분하면서, 살아 있는 것 자체가 괴롭다고 연신 소리칩니다. 자기 자신을 향해서도 짜증 난다고 말합니다. 상대방을 향해서도 어찌할 수 없는 권태 가운데 희망을 점점 놓아버립니다.

세 번째는 '현실 도피적 태도'입니다. 현실을 잃어버린 희망, 미래만 자꾸 바라보라는 희망을 가진 사람들은 현실에 관심이 없습니다. 현실에 에너지를 쏟아붓지 않고, 피안彼岸의 세계만을 그리워하면서 무기력하게 살아갑니다.

카를 마르크스가 기독교를 비판했을 때, 그는 당시 기독교를 포함하여 러시아의 종교를 보면서 몸서리를 쳤습니다. 종교가 피안의 세계만을 바라보고 현실을 개혁하고 도전하려는 생각을 멈췄기 때문입니다. 그는 이렇게 외쳐댑니다. "내 철학은 세상을 해석하는 철학이다. 거기에 한 걸음 더 나아가 내 철학은 이 세상을 변혁시키는 철학이다." 그렇게 공산주의 운동의 시초를 마련한 것입니다.

확실한 소망

우리의 희망은 어떤 희망일까요? 예수 그리스도를 주로 고백하는 우리에게 희망은 '소망'입니다. 막연한 기대나 희망이 아닙니다. 우리가 말하는 희망이란 하나님에 대한 소망입니다. 하나님의 말씀에 대한 소망이며, 하나님의 약속에 대한 소망입니다. 우리는 막연한 소망이 아니라 살아 계신 하나님으로부터 받은 확실한 소망을 가지고 있습니다.

자녀를 키워본 경험이 있으십니까? 자녀들이 갖고 싶어 하는 장난감을 사주려고 "오늘 저녁에 함께 나가서 사자!"라고 하면, 아이는 아직 자기 손에 아무것도 없지만 이미 가진 것처럼 하루를 기쁘게 삽니다. 그 약속을 믿고 말입니다.

우리의 소망이 무엇입니까? 하늘과 땅을 창조하신 하나님이 우리를 위해 예수 그리스도를 보내주시고, 우리를 자녀 삼아주셔서 우리의 아버지가 되셨다는 사실 아닙니까? 우리는 그 소망에 붙잡혀 사는 사람들입니다.

하나님은 예레미야 선지자를 통해서도 희망을 약속하셨습니다. 바벨론에 포로로 끌려갔던 이스라엘 백성에게 주신 희망의 약속입니다.

> 여호와의 말씀이니라 너희를 향한 나의 생각을 내가 아나니 평
> 안이요 재앙이 아니니라 너희에게 미래와 희망을 주는 것이니
> 라 예레미야 29:11

"내가 지금 너희를 바벨론의 포로로 끌려가게 하는 것은 재앙이 아니다. 오히려 너희에게 평안을 주려고 하는 것이다. 종과 포로로 만드는 것이 너희를 향한 내 목표가 아니다. 너희가

자유자로 다시 돌아오게 하는 것이 내 목표다. 힘들고 어려움을 당하게 하는 것이 너희를 향한 내 기대가 아니다. 너희에게 자유의 희망과 미래를 선물해주겠다." 이렇게 희망의 약속을 허락하셨습니다. 그리고 그 희망의 약속을 오늘 우리에게도 동일하게 허락해주십니다.

이 땅에 소망으로 오신 예수님

하나님은 이스라엘 백성에게 주신 희망의 약속을 역사 가운데 이루어가십니다. 이를 궁극적으로 이루시기 위해, 그리고 인류에게 미래와 희망을 주시기 위해 직접 이 땅에 내려오셨습니다. 예수 그리스도, 그분이 바로 소망의 실체이십니다. 그분 안에 희망이 있고 미래가 있습니다. 예수님 안에 하나님의 약속이 있습니다. 그 예수님이 우리에게 전하신 첫 번째 메시지가 바로 이 말씀입니다.

때가 찼고 하나님의 나라가 가까이 왔으니 회개하고 복음을 믿으라 마가복음 1:15

"때가 찼다"고 말씀하십니다. 이제 하나님이 오실 때가 되었다는 뜻입니다. 하나님이 움직이지 않으시고는 위기에 빠질 것이 분명한 역사였기에 하나님이 오신다는 것입니다. 희망의 시간, 소망의 시간, 하나님이 주시는 새 역사의 시간이 다가오고 있다는 것입니다.

권태와 싫증으로 몸부림치고 무의미 가운데 좌절하던 시간을 예수님이 깨뜨리시겠다는 것입니다. 허무와 절망으로 탄식하던 것들을 불사르시겠다는 하나님의 선언입니다. 거짓과 불의가 끝나고 하나님의 공의와 정의를 세우는 새 역사가 예수님을 통해 일어날 것이라는 선언입니다. 죽음의 두려움을 파멸시키겠다는 선언입니다.

그래서 예수님이 직접 이 권태와 싫증, 무의미성과 허무, 절망과 좌절의 자리로 내려오신 것입니다. 그렇게 십자가에 달리셨습니다. 가장 비참하고 낮은 곳, 세상 사람들이 싫어하는 그곳, 십자가에 달리셨습니다.

예수님이 찾으시는 사람들은 연약한 사람, 낮은 사람, 외로운 사람, 소외된 사람들이었습니다.

예수님은 말씀하십니다. "나보다 더 슬픈 사람이 있다면 나와 보거라. 나보다 더 아픈 사람이 있다면 나와 보거라. 나보다 더 소외되고, 나보다 더 큰 인생의 고통을 겪은 사람이 있다면 나와 보거라.”

무슨 뜻입니까? 수고하고 무거운 짐을 진 자들에게 주님 앞에 나아오라고 말씀하십니다. 어떤 짐을 지고 있더라도 주님께 나아오면 절망을 넘어설 희망을, 슬픔을 넘어설 기쁨을, 죽음을 넘어설 부활의 생명을 주시겠다고 약속하십니다.

그 약속을 몸으로 직접 보여주신 것이 바로 부활 사건입니다. 십자가에 달려 죽으신 지 사흘 만에 부활하시어 새 생명의 역사를 일으키셨습니다. 인생의 희망을 말씀하시는 것입니다. 부활과 생명을 향해 달려가라고, 아무리 힘들고 어려운 고난과 시련을 겪고 있다 하더라도 좌절하지 말고 다시 일어서라고 말씀하시는 것입니다.

우리는 예수님의 소중한 존재

신앙생활을 시작한 지 오래되었다면 스스로에게 질문해봐야 합니다. “내 삶에, 내 신앙에 이미 노화가 일어나고 있는 것은 아닐까? 생각이 굳어지고 있는 것은 아닐까? 두렵고 떨렸던 처음 사랑을 잊어버린 채 살고 있지 않은가? 익숙한 것에 안주하고 있지 않은가?”라고 말입니다.

익숙하다는 것은 좋은 것입니다. 그러나 익숙함에 안주하게 되면 설렘이 사라집니다. 기대가 사라지고 변화가 사라집니다. 미래를 향해 달려갈 용기를 잃어버리고 지금의 자리에 그대로 주저앉게 됩니다.

예수님이 바리새인들을 비판하신 이유는 다른 게 아니었습니다. "너희들이 익숙한 곳에 잘 앉아 있구나. 너희들이 종교성에 그대로 빠져 있구나. 너희들이 신앙을 가졌다고는 하는데 더 이상 변화의 가능성을 열어두지도 않고, 하나님에 대한 기대도 열어놓지 않고 살아가는구나." 예수님의 비판은 바로 이것이었습니다.

그리스도인으로서 우리의 목표는 무엇일까요? 하나님이 기뻐하시는 자녀가 되는 것이 우리의 목표입니다. 그렇다면 하나님이 기뻐하시는 것은 또 무엇일까요? 어떤 삶이 하나님을 기쁘시게 할 수 있을까요? 우리를 위해 보내주신 예수님을 믿고 그 예수님을 찬양하는 것입니다. "예수님, 당신은 하나님의 아들이십니다. 예수님, 당신은 우리의 생명이시며, 세상의 생명이시고, 우리의 소망, 그리고 세상의 소망 되십니다"라고 고백할 때 그분은 기뻐하십니다. 예수님 안에 하나님의 약속이 들어 있기 때문입니다. 하나님은 예수님과 함께 생각하시고, 예수님과 함께 말씀하시고, 예수님과 함께 행하셨기 때문입니다.

예수님 안에 하나님의 모든 지혜가 있습니다. 그 사실을 내 마음으로, 내 입으로, 내 삶으로 드러내는 것이 바로 전도입니다. 그것을 세상에 나아가 선포하는 것이 곧 선교입니다. 우리가 해야 할 일이 바로 이것입니다. 예수님을 사랑하며 예수님을 자랑하는 것 말입니다.

우리는 예수님으로 인해 하나님의 아들과 딸이 되었습니다. 예수님 때문에 내가 세상의 그 어떤 만물과도 바꿀 수 없는 가장 소중한 존재가 되었습니다. 하나님은 예수님을 두고 이렇게 말씀하셨습니다.

너는 내 사랑하는 아들이라 내가 너를 기뻐하노라 마가복음 1:11

하나님은 우리에게도 동일하게 말씀하십니다. "너는 내 사랑하는 아들, 내 사랑하는 딸이다. 내가 너를 기뻐한단다." 예수님을 믿음으로 우리 역시 하나님께 귀한 자녀가 된 것입니다.

놀랍게도 구약에서는 아가서 말씀을 통해 우리가 얼마나 멋지고 사랑스럽고 또 매력적인 존재인지를 가르쳐줍니다. 말씀에 나오는 '여인, 여자'라는 표현은 성도를 가리키는 말이기도 합니다.

아침 빛같이 뚜렷하고 달같이 아름답고 해같이 맑고 깃발을 세운 군대같이 당당한 여자가 누구인가 아가 6:10

그 '여자'가 누구입니까? 아침 빛같이 뚜렷하고 달같이 아름다우며 해같이 맑고 깃발을 세운 군대같이 당당한 그 성도가 누구입니까? 바로 나입니다. 바로 우리입니다. 예수님을 구주로 고백하는 우리 모두를 가리킵니다. 내가 하나님께 이렇게 소중한 존재라는 것입니다.

하나님의 자녀임을 자랑하라

저는 성경을 읽을 때마다 하나님이 제게 가장 원하시는 것이 무엇인지 가르쳐달라고 구합니다. 그러면 이렇게 말씀하시는 하나님의 음성을 듣습니다. "자존감을 갖고 살아라. 종처럼 살지 말고, 노예처럼 살지 말고, 하나님의 아들과 딸처럼 살아라. 너는 멋진 존재다. 소중한 존재다." 하나님의 자녀답게 하나님을 귀히 여기고 나 자신을 소중히 여기며 살라는 뜻 아니겠습니까? 우리는 멋진 존재들입니다. 문제는 하나님의 아들과 딸인 우리가 그렇게 살지 못하는 데 있습니다.

저는 목회를 하며 제가 해야 할 일이 무엇인지 곰곰이 생각해 봅니다. 다른 무엇보다 예수님을 자랑하고, 예수님을 사랑하고, 또 성도들이 얼마나 귀한 하나님의 자녀인지 전하고 선포하는 것이 제가 해야 할 일이 아닐까 생각합니다.

더불어 우리가 앞으로 함께 해야 할 일도 있습니다. 다음 세대들과 함께 나아가는 것입니다. 그들은 우리의 어린 자녀들, 초등학생, 청소년, 대학생, 청년들입니다. 우리는 그들에게 하나님의 귀한 가르침을 전해야 합니다. "예수님이 소망이고 예수님이 생명이시란다. 예수님이 곧 지혜야. 예수님 안에 모든 것이 들어 있단다. 인생의 모든 문제를 푸는 열쇠, 그 해결책이 예수님 안에 있단다"라고 가르쳐야 합니다. 다음 세대가 우리의 신앙을 이어가지 않으면 신앙의 맥이 끊기고 맙니다. 때문에 우리는 다음 세대를 바르게 세우는 데 주력해야 합니다.

그리고 또 해야 할 일이 있습니다. 이제 우리는 통일한국, 평화 통일의 미래를 바라보고 있습니다. 북녘의 백성이 예수님을 알고 하나님을 사랑할 수 있도록 이제 우리가 그 길을 열어야 합니다. 한라산부터 백두산에 이르기까지 하나님께 영광 돌리는 백성, 지구촌 곳곳에서 마음껏 하나님께 쓰임받는 백성이 되기 위해 이제 우리가 발을 내딛어야 합니다.

이를 위해 우리 각자가 먼저 자신의 삶의 자리에서부터 예수님을 믿는 삶을 자랑스러워하고 자신이 하나님의 아들과 딸인 것에 자부심을 가져야 합니다. 그리고 우리에게 주신 복음 사역을 감당해야 합니다. 그렇게 우리의 다음 세대와 통일한국을 바라봐야 합니다.

살아 있음 자체가 감격 아닙니까? 그 감격으로 우리가 예수님을 사랑하고, 교회를 사랑하고, 이 백성을 사랑해야 할 것입니다. "내 남은 인생을 하나님을 위해서, 하나님의 뜻을 이 땅에 이루기 위해서 순종하겠습니다"라고 고백하며 희망을 만들어가는 주님의 자녀가 되길 소망합니다.

prayer

우리의 소망 되시는 하나님, 오직 주님만이 나의 희망이시며 세상의 소망이십니다. 소망의 하나님이 예수님 안에 계십니다. 예수님의 영이신 성령님은 우리에게 희망의 영, 소망의 능력이 되십니다. 우리에게 소망을 주시는 주님께 이제 다시 고백합니다. 예수님 사랑합니다. 예수님을 바라봅니다. 예수님과 동행하며 다시 시작하겠습니다.

회개

회개함으로 다시 시작하라

하나님께서 구하시는 제사는 상한 심령이라 하나님이
여 상하고 통회하는 마음을 주께서 멸시하지 아니하시
리이다 시편 51:17

마지막 때를 기억하지 않는 사람들

흥사단 투명사회운동본부 윤리연구센터가 2013년 6월부터 우리나라 초·중·고교생 2만 1000명을 대상으로 '2013년 청소년 정직지수'를 조사했습니다. 결과는 정직지수가 전년보다 낮아졌다는 안타까운 소식이었습니다.

조사 결과에 나타난 두 가지 특징이 있었는데, 첫 번째는 학년과 학력이 높아질수록, 사회생활에 더 많이 노출될수록 정직지수가 낮아졌다는 것입니다. 초등학생은 84점, 중학생은 72점, 고등학생은 68점이었습니다. 그렇다면 대학생, 청년, 장년, 중년으로 올라가면 어떻게 될까요? 점수가 더 떨어지지 않겠습니까?

두 번째 특징은 해가 갈수록 정직지수가 낮아지고 있다는 것입니다. 몇 가지 항목을 살펴보자면 '이웃의 어려움과 관계없이 나만 잘살면 된다'는 항목에서 초등학생은 19퍼센트, 중학생은 28퍼센트, 고등학생은 36퍼센트가 '그렇다'라고 대답했습니다.

또 '시험을 보면서 커닝한다'라는 항목에서는 초등학생 96퍼센트, 중학생 93퍼센트, 고등학생 92퍼센트가 '그렇다'라고 대답했습니다. 100명 중 90여 명이 커닝을 한다는 이야기입니다. 잘못된 일이라도 아무도 지켜보지 않거나, 처벌받을 가능성이 없다면 비도덕적 행동도 서슴지 않는 의식이 반영된 결과입니다.

또 이런 항목도 있었습니다. '10억이 생긴다면 죄를 짓고 1년 동안 감옥에 가도 괜찮다.' 이 질문에 '그렇다'라고 대답한 고등학생은 절반에 가까운 47퍼센트였습니다. 작년보다 3퍼센트가 오른 수치입니다. 중학생도 작년보다 4퍼센트가 오른 32퍼센트였고, 초등학생도 작년보다 4퍼센트가 올라 16퍼센트의 학생이 '그렇다'고 대답했습니다. 10억만 생긴다면 죄를 짓고 감옥에 들어가도 괜찮다는 것입니다. 오늘날 청소년들이 돈에 대해 어떤 생각을 갖고 있는지를 잘 보여주는 통계입니다.

1년 정도 감옥에 들어가 10억을 손에 넣는다 해도, 결국 10억의 가치보다 더 큰 인생의 대가를 지불해야 할지 모를 일입니다. 하지만 그래도 괜찮다는 것입니다. 감옥에 들어가도, 그래서 삶 전부를 빼앗겨 인생이 망가져도 10억이 생긴다면 좋다는 것입니다. 인생의 마지막 때에 대해서는 전혀 생각하지 않는 태도입니다. 단지 돈과 쾌락을 우선시하는 오늘날 세상의 가치관을 그대로 수용한 결과입니다.

삶을 뒤집는 회개

구약성경을 읽어보면 예언자들이 회개하라고 외칩니다. 신약성경의 세례 요한과 예수님의 첫 번째 메시지도 회개하라는 것이었습니다. 성경은 왜 그토록 회개를 강조하는 걸까요?

회개하라는 말을 들으면 마음이 편합니까, 불편합니까? 무슨 생각이 듭니까? '너나 회개해라. 왜 남의 일에 참견이냐?' 이런 생각이 들지 않습니까? 회개하라는 말 속에는 지금의 삶을 뒤집으라는 뜻이 담겨 있습니다. 지금처럼 쉽고 무난한 삶을 살면 좋겠는데, 기득권을 누리면서 살고 싶은데, 회개하라고 하니 그 말이 쉽게 받아들여지지 않는 것입니다.

세상에는 수많은 책들이 발간되고 있습니다. 그중에서도 자기계발서는, "너 지금 그대로 괜찮아! 조금만 더 열심히 해봐. 앞으로 잘될 거야!"라는 메시지를 반복하며 본질을 호도합니다. 그러나 성경은 다릅니다. 단지 현실을 모면하기 위한 "지금 이대로도 괜찮다"는 말은 자기기만이라고 말합니다. 이 말이 사람을 잠깐 안도하게 할 수는 있지만 진정한 평안을 주지는 못한다고 이야기합니다. 진정한 위로와 평안은 내가 누구인지, 내 실존이 무엇인지, 내 인생의 바른 길과 종말이 무엇인지 깨달을 때 얻을 수 있기 때문입니다.

그래서 성경은 우리에게 회개를 요청합니다. 무감각 속에 안주하지 말라는 뜻입니다. 살아 있다는 것은 참으로 소중한 것이기에 심각한 물음을 하라는 것입니다. 이것이 곧 회개하라는 말의 본 의미입니다. 그런데 우리는 골치 아프고 심각해지는 것이 싫어 회개를 거부할 때가 많습니다. 이런 사람들에게는 몇 가지 유형이 있습니다.

회개를 거부하는 세 유형

1. 자신이 누구인지 모르는 사람

첫 번째 유형은 자신의 정체성을 모르는 사람입니다. 2000년 전으로 되돌아가 보면, 당시 예수님 주위에는 민중들이 있었습니다. 그들은 가난한 사람들이었습니다. 소외되고 병든 사람들이었습니다. 예수님은 이들을 꾸짖지 않으셨습니다. 그들이 이미 너무 심각한 위기 속에 있었기 때문입니다.

예수님은 "너희가 목자 없는 양처럼 헤매고 있구나!"라고 말씀하시며 그들을 불쌍히 여기셨습니다. 그들의 삶의 문제도 그대로 용납하셨습니다. 아픈 자가 오면 만지고 고치셨으며, 죄 많은 자가 오면 용서를 베풀어주셨습니다. 슬픔에 빠진 자가 오면 위로해주시고, 외로운 자가 오면 친구가 되어주셨습니다. 예수님은 그들을 초청하셨습니다.

> 수고하고 무거운 짐 진 자들아 다 내게로 오라 내가 너희를 쉬게 하리라 마태복음 11:28

"너희의 짐이 무엇이냐? 너희의 고통과 슬픔, 답답함이 무엇이냐? 모두 가지고 내게로 오너라. 내가 너희를 어루만져 상처를 치유해주겠다." 예수님은 그들을 사랑으로 대하셨습니다.

2. 회개하기 싫어하는 사람

두 번째 유형은 자신의 정체성을 알면서도 회개하기를 거절하는 사람입니다. 이 유형의 대표적인 사람들이 서기관들과 바리새인들입니다. 이들은 자랑스러운 율법 전문가이며 영적 지도자들이었습니다. 그들은 스스로가 율법을 꿰뚫어 하나님의 뜻을 알고 있다고 자부했으며, 사람들 앞에서 뽐내길 즐겼습니다. 그런데 예수님은 그들을 엄중히 꾸짖으셨습니다. 이는 참된 지도자의 모습이 아니라고 말입니다.

"이 독사의 자식들아! 이 화 받을 사람들아! 너희들이 말하는 바는 그럴듯한데, 행하는 바는 정말로 잘못됐구나! 가식적이구나! 형식에만 빠져 있구나! 너희가 천국 문 앞에 서서 사람들을 방해하고 있구나. 너희만 못 들어가면 되는데, 왜 다른 사람들까지 못 들어가게 막고 있느냐!" 예수님은 그들에게 저주의 말씀을 퍼부으시며 엄중하게 야단치셨습니다.

그들은 왜 야단맞고 꾸중을 들어야 했을까요? 왜냐하면 그들에게 회개하는 영이 없었기 때문입니다. '나는 다 됐다. 내가 모든 것을 안다'라고 여기며 스스로를 돌아보지 않았기 때문입니다. 예수님은 그들을 꾸짖으시며 지도자는 지도자답게 살아야 한다고 말씀하십니다. 영적 지도자, 정치 지도자, 경제·사회 지도자 모두 지도자이기에 그만큼 책임이 더 크다고 말씀하시는 것입니다.

서기관들과 바리새인들 외에, 자신은 선한 의지를 갖고 살아왔다고 자부하는 사람들 또한 자기 정체성을 알면서도 회개하기를 거절하는 부류에 속합니다. 자신은 선을 베풀고, 이웃을 구제했다는 자만에 빠져 있는 사람들입니다. 마태복음 19장에 등장하는 부자 청년이 그 대표적인 사람입니다. 그는 예수님 앞에 나아와 당당히 말했습니다. "저는 십계명을 다 지킨 사람입니다. 금식도 했습니다. 이웃의 어려움을 보면 바로 구제했습니다. 하나님 뜻대로 모든 일을 했는데, 저는 어떻습니까?" 그는 예수님께 칭찬받기를 원했습니다.

그때 예수님은 이렇게 말씀하셨습니다. "네가 모든 것을 잘 했구나! 그런데 한 가지 더 해야겠다. 네가 갖고 있는 돈과 재물을 다 팔아서 가난한 사람에게 주고 나를 따라와라." 부자 청년은 깜짝 놀랐습니다. 그것은 자기가 할 수 없는 일이었기 때문입니다. 그 순간 자랑했던 것이 아무것도 아니라는 사실을 알게 된 것입니다. 오히려 재물이 많아서 근심이 생겼습니다.

> 그 청년이 재물이 많으므로 이 말씀을 듣고 근심하며 가니라
>
> 마태복음 19:22

"네가 하나님 앞에서 스스로 잘났다고 하지만 네 재물이 너의 우상이 되었구나! 네가 그렇게 자신하며 사는 것이 오히려 너에게 회개할 수 있는 기회, 변할 수 있는 기회를 차단시키고 있구나!"라고 예수님이 꾸중하신 것입니다.

3. 게으른 사람

마지막 세 번째 유형은 지금이 회개해야 할 때인지 알면서도 게을러서 회개하지 않는 사람입니다. 지금 누리고 있는 쾌락이 너무 달콤해 "잠깐만요, 하나님!"이라고 외치며 조금 더 세상을 즐기기를 원하는 사람입니다. 때문에 회개는 계속 미뤄집니다.

어거스틴이 《고백록》이라는 유명한 책을 썼습니다. 그는 이 책에서 어릴 때부터 자신이 하나님 앞에서 얼마나 죄인이었는지, 어떤 죄악을 행했는지를 서술합니다. 마니교에 빠지기도 했고, 육체적 쾌락을 탐닉하며 자신이 잘못된 길을 가고 있음을 알면서도 이렇게 기도했다고 합니다. "주님, 순결을 주옵소서. 주님, 절제를 주옵소서. 그러나 지금은 마옵소서."

우리의 신앙 가운데도 이런 미적미적한 태도가 얼마나 자주 보입니까? "하나님, 믿기는 믿겠습니다. 그런데 지금은 해야 할 일이 많습니다. 그러니 조금만 기다려주옵소서. 지금은 아닙니다. 지금은 마옵소서." 이런 생각이 우리에게도 얼마나 많습니까?

용기를 갖고 회개하라

'고통스럽다'는 것은 우리가 살아 있다는 증거입니다. 삶이란 만만치 않습니다. 삶은 치열한 전쟁터와 같습니다. 그리고 언젠가 우리는 죽음을 직면하게 될 것입니다. 살아 있다는 것은 언젠가 종말이 있다는 것을 내포합니다. 재물이 많고 아무리 높은 권력을 가졌다 해도 마지막 때를 피할 수는 없습니다. 그러므로 우리는 회개해야 하는 인생입니다. 주님이 회개하라 하신 것은, '네 마지막을 기억하며 현재를 바꾸라'는 말씀과도 같습니다. 네 종말이 어떻게 될지 알면서도 지금 네 삶이 이대로 괜찮은 거냐고 되물으시는 것입니다.

회개는 용기 있는 사람이 할 수 있습니다. 왜일까요? 회개를 하려면 자신의 약한 점, 부족한 점, 삶의 어두운 그림자까지 그대로 인정하고 하나님께 토해내야 하기 때문입니다. 이러한 고백은 용기 없이는 할 수 없습니다. 용기가 있어야 자신을 있는 그대로 인정할 수 있고, 하나님께 회개할 수도 있습니다.

그래서 회개하려는 사람에게는 용기가 필요합니다. 자기 자신에 대해서 비난할 준비를 해야 합니다. 자기를 향해 이렇게 외쳐야 합니다. "너 이렇게 살아도 되냐? 너 지금 괜찮냐? 네가 생각하는 것이 올바른 거냐? 이렇게 살다가 마지막에 하나님 앞에서 떳떳할 수 있겠느냐?" 스스로 물어볼 수 있어야 합니다. 자기 자신을 웃음거리로 만들 준비를 해야 합니다. 나의 연약함과 부족함을 내어놓을 줄 알고, 내 속의 그림자들이 나를 억누르고 있다는 사실을 하나님 앞에서 토해내는 것입니다. 이것은 분명 충격을 주는 일이지만, 동시에 나를 살리는 길이 됩니다.

하나님이 우리를 부끄럽게 하시려고 회개하라는 것일까요? 아닙니다. "네 본질을 알고, 네 정체성을 알고, 네 마지막을 알아라. 그럼에도 불구하고 네가 회개하면 내가 너를 용서하고, 너를 나의 아들과 딸로 세울 것이다. 이 세상 어떤 것과도 바꿀 수 없는 복되고 소중한 존재로 너를 세울 것이다"라는 이 약속이 회개 가운데 보증되는 것입니다.

우리 안에 존재하는 두 마음

인간 안에는 양면적인 모습이 있습니다. 빛과 어두움, 밝고 어두운 면이 공존합니다. 천사와 같은 모습이 있고, 악마와 같은 모습도 있습니다. 고상한 모습이 있는가 하면, 천한 모습도 있습니다. 초월성과 영원을 잇대는 영혼이 있는 반면, 삶의 밑바닥으로 추락하게 하는 탐욕 또한 우리 안에 있습니다.

회개는 이 두 모습이 내 속에 공존하며 투쟁하고 있다는 사실을 깨닫는 데서부터 시작됩니다. 언제 깨달을 수 있을까요? 하나님 앞에서 내 실존을 경험할 때 깨달을 수 있습니다.

20세기 최고의 기독교 변증학자로 알려진 C.S. 루이스는 《순전한 기독교》에서 인간 속에 있는 악을 다음과 같이 설명합니다. "육체의 죄는 악하지만, 다른 죄에 비하면 가장 미미하다고 할 수 있습니다. 쾌락 중에서 가장 나쁜 것은 전적으로 영적인 쾌락입니다. 즉 잘못을 남에게 미루고 즐거워하는 것, 남을 자기 마음대로 휘두르거나 선심 쓰는 척하면서 남의 흥을 깨뜨려 놓고 좋아하는 것, 험담을 즐기는 것, 권력을 즐기는 것, 증오를 즐기는 것이야말로 악한 죄입니다. 제 안에는 제가 정말 추구해야 할 인간적 자아와 싸우는 두 가지 적이 있습니다. 하나는 동물적 자아고, 다른 하나는 악마적 자아입니다. 둘 중에 더 나쁜 것은 악마적 자아입니다. 교회에 꼬박꼬박 출석하는 냉정하고 독선적인 도덕가가 거리의 매춘부보다 훨씬 더 지옥에 가까울 수 있는 이유가 여기 있습니다. 물론 우리는 둘 중 어느 쪽도 되지 않는 것이 좋겠지요."

이처럼 잘못된 길을 가는 자아를 하나님 앞에서 깨뜨리는 것이 바로 회개입니다. 이런 투쟁이 내 속에 있음을 하나님 앞에 겸허하게 고백하는 데서부터 회개가 시작됩니다.

이 시대가 어떤 시대입니까? 무감각, 무감동, 무관심의 시대입니다. 쾌락만을 부추기는 시대입니다. 명품 옷을 입고, 명품 백만 들면 된다고 사탄은 부추깁니다. 멋진 시계를 차고, 고급 자동차를 모는 것이 제일이라고 우리를 미혹합니다. 그러면서 그게 바로 너라고, 그게 바로 너의 정체성이라고 속입니다. 흔들리는 실존을 감추라고, 불안과 걱정이 없는 것처럼 보이라고, 멸망과 파멸의 길로 가고 있는 인생을 감추라고 사탄은 우리를 끊임없이 유혹합니다.

회개란 무엇일까요? "하나님, 내 속에 근심과 두려움이 있습니다. 우울함이 있고, 걱정도 있습니다. 사람들이 나를 보는 시선 때문에 괴롭습니다. 나를 정죄하는 죄책감이 내 안에 있습니다. 하나님, 저를 겁나게 하고 두렵게 하는 것들이 너무 많습니다"라고 하나님께 아뢰는 것입니다. 그래야 우리를 괴롭히던 문제 하나하나로부터 해방될 수 있습니다.

또 회개란 무엇일까요? 인생의 죽음과 종말을 기억하는 것입니다. 우리는 결코 영원한 존재가 아닙니다. 생명도 언젠가는 끊어지게 될 것입니다. 그때가 되면, 하나님이 우리에게 지금까지의 삶에 대해 책임을 지라고 요구하실 것입니다. 이와 같은 사실을 깨닫고, 주님 앞에 겸손히 머리를 숙이는 것이 회개입니다.

다윗은 하나님 앞에 이렇게 고백합니다.

하나님께서 구하시는 제사는 상한 심령이라 하나님이여 상하고 통회하는 마음을 주께서 멸시하지 아니하시리이다 시편 51:17

다윗은 왕이었습니다. 권력자였습니다. 그에겐 재물이 가득했습니다. 그래도 하나님 앞에서 회개해야 할 존재임을 깨닫고 무릎 꿇었습니다.

회개함으로 다시 시작하라

회개의 영을 가지고 있다는 것은 애통하는 마음으로, 격정적인 언어로 기도한다는 뜻입니다. 애통하는 마음으로 하나님 앞에 겸손히 무릎을 꿇고, 격정적인 언어로 이웃의 아픔과 슬픔에 동참하며 표현할 줄 아는 사람이 회개의 영을 가진 사람입니다.

그래서 우리가 하나님 앞에서 자신의 무기력과 무능함을 고백하며 회개할 때, 생명의 기운과 하늘의 능력을 우리에게 부어주십니다. 내 열등감을 고백할 때, 어느 누구와도 비교할 수 없는 하나님의 자녀로 우리를 세워주십니다. 우리가 다른 이의 눈치를 보며 비겁해지고 두려움에 떨 때, "무슨 소리냐? 나 하나님만 바라보라. 오직 나 하나님만 두려워하라!"라고 담대함을 주시는 분이 바로 우리 하나님입니다.

하나님이 우리에게 회개를 요청하시는 것은 다른 이유 때문이 아닙니다. 죄악과 사탄에 얽매였던 나에게 "너는 자유자다. 나 하나님의 아들과 딸이다"라고 선포하시기 위해 지금도 회개를 명령하시는 것입니다.

회개란 '지금 다시 시작할 수 있다'는 뜻입니다. 하나님이 나에게 다시 기회를 주시겠다는 뜻입니다. 그러므로 우리는 모든 것을 새롭게 할 수 있습니다.

그렇기에 우리는 회개의 영으로 다시 하나님 앞에 서야 합니다. 하나님 앞에 성숙해지는 길, 새롭게 되는 길, 무엇보다 하나님과 동행하는 길이 바로 이 회개 가운데 주어지기 때문입니다. 우리가 회개함으로 다시 시작하는 기쁨을 누릴 수 있길 원합니다. 회개함으로 영혼이 새로워지고 하루하루가 주님 앞에 견고해지는 주님의 자녀들이 되기를 소망합니다.

prayer

우리를 새롭게 하시는 하나님, 우리가 본래 교만한 죄인입니다. 하나님을 잊고 살 때가 많았으며, 내가 가진 것을 자랑하려 했습니다. 주님 앞에 회개합니다. 이 모든 것이 하나님이 주신 선물이요, 은혜임을 깨닫게 하옵소서. 회개의 영으로 매일매일 새롭게 시작할 수 있는 주님의 자녀가 되게 하옵소서.

떠남

변화를 위해 떠나라

믿음으로 애굽을 떠나 왕의 노함을 무서워하지 아니하고 곧 보이지 아니하는 자를 보는 것같이 하여 참았으며 히브리서 11:27

진정한 자유를 찾아서

성경은 엑소더스Exodus, 즉 '떠남'의 이야기로 가득합니다. 이 이야기는 성장을 원했던 사람들, 성숙을 향해 달려갔던 사람들, 진정한 자유를 얻기 위해 떠남을 두려워하지 않았던 하나님의 사람들에 관한 이야기입니다.

또한 엑소더스는 구약성경의 출애굽기를 의미합니다. 애굽을 탈출해 젖과 꿀이 흐르는 가나안을 향해 나아갔던 이스라엘 백성의 이야기를 우리는 출애굽 혹은 출애굽기라고 부릅니다. 요사이에는 자기가 누리던 삶을 떠나는 것을 '엑소더스'라고 표현하기도 합니다.

그러나 진정한 엑소더스는 떠나는 게 목표가 아닙니다. 탈출하는 데 의미가 있는 것도 아닙니다. '무엇으로부터 떠나는가?'라는 것이 본질적인 물음이어야 합니다. 더 중요한 것은 왜 떠나는지, 그리고 무엇을 향해 가고 있는지를 깨닫는 것입니다. 그래야 진정한 엑소더스, 참된 출애굽이 될 수 있기 때문입니다.

출애굽 한 이스라엘의 해방 이야기를 장소의 관점에서 살펴보면, 세 곳으로 정리됩니다. 노예 생활을 했던 출발지 애굽, 출애굽의 과정이었던 광야, 그리고 약속의 땅이었던 가나안. 이 세 곳이 이스라엘 백성의 엑소더스 현장이었습니다.

이스라엘 백성에게 애굽은 학대와 억압을 받고 눈물 흘리던 고통의 자리였습니다. 역사를 통해 확인해보면, 이스라엘은 무려 400년 이상을 애굽에서 노예로 살았습니다. 애굽을 탈출해 들어선 광야 역시 그들에게 호락호락한 자리가 아니었습니다. 그곳에서 40여 년의 시간을 방황했습니다. 하나님께 저항하기도 했고, 실수와 실패를 반복해가며 외로움과 두려움에 떨기도 했습니다. 어떻게 해서든 엑소더스 하기를 원했지만, 다시 제자리로 돌아오곤 했습니다. 그러나 끝내 하나님의 약속을 따라 그들은 가나안 땅에 입성하게 됩니다. 물론 그곳에도 고난과 시험이 기다리고 있었습니다. 그러나 이미 하나님으로부터 받은 약속이 있었기에, 그 땅은 승리의 자리였고, 점차 지경을 넓히는 새로운 삶의 현장으로 변모해갔습니다.

떠남에는 준비가 필요하다

미국의 부흥 운동을 일으켰던 무디 목사님은 출애굽을 이끌었던 지도자 모세의 삶을 시기에 따라 세 모습으로 구분했습니다. 첫째는, 애굽에서 바로의 공주의 아들로 있었던 40년의 세월입니다. 그때 그는 권력도 있었고, 재물도 있었고, 지식과 명예도 있었습니다. 아마도 그 시기에 모세는 자기 자신을 'I am somebody'라고 이해했을 것입니다. '내가 그래도 괜찮은 사람이야, 잘나가는 사람이야'라고 자랑하던 시기입니다.

그러나 왕자의 자리를 내려놓고 미디안 광야로 도망가 40년 동안 목동으로 훈련을 받으면서 그의 자존감은 다 떨어졌습니다. 그때 그는 자신을 'I am nobody'라고 생각했을 것입니다. '나는 별거 아닌 존재야'라고 낙담하던 시기가 바로 그때입니다.

그리고 마지막으로 찾아온 시기는 이스라엘 백성과 함께 있었던 이후 40년의 시간입니다. 그때 그는 자신을 'I am God's body'라고 인식했을 것입니다. 즉, 하나님의 사람으로서 올바르게 쓰임받고 있다고 스스로를 인정한 때입니다. 뭔가 괜찮은 사람도 아니고, 그렇다고 아무것도 아닌 사람도 아닌, 하나님의 부르심을 따라 쓰임받는 사람으로 말입니다.

80세가 되도록 모세의 인생에는 엑소더스 사건이 일어나지 않았습니다. 왜일까요? 그때까지 모세는 엑소더스 할 만큼 온전한 성품을 갖추고 있지 못했기 때문입니다. 오히려 그의 인간성은 점점 반대 방향으로 가고 있었는지도 모릅니다.

모세는 처음부터 지도자가 될 만한 인물이 아니었습니다. 그러나 하나님은 이런 모세를 사용하시기 위해 엄청난 공을 들이십니다. 엄청난 정성을 쏟으십니다. 때로는 설득으로, 때로는 회유로, 때로는 간곡하게 부탁하셨습니다. 왜 그토록 모세를 지도자로 세우고자 하셨을까요? 아니, 왜 모세에게는 즉각 엑소더스 할 만한 능력이 없었을까요? 도대체 모세의 문제는 무엇이었을까요?

출애굽 하기 전까지 모세에게는 자기방어와 과도한 공격성이 있었습니다. 자기방어를 심하게 하는 사람의 내면에는 두려움이 있습니다. 누군가 내 약점을 이야기할까 봐 먼저 방어막을 펴는 것입니다. 또 반대로 과도하게 남을 공격하는 사람의 내면에는 교만이 있습니다. 당시 모세에게 그런 두려움과 교만이 있었던 것입니다.

모세를 지도자로 세울 수 없었던 이유

우리가 잘 아는 대로 모세가 40세가 되었을 때, 그는 자신이 이제 자기 민족인 이스라엘의 지도자가 될 수 있겠다고 생각했습니다. 그래서 유대인들이 사는 곳으로 찾아갑니다. 그런데 거기서 한 애굽 사람이 이스라엘 사람을 마구 때리고 치는 것을 목격합니다. 그 모습을 보자 모세의 가슴에 분노가 일어났습니다. 모세는 그 애굽 사람을 쳐서 죽이고 숨겨버립니다. 아마도 그는 당시 자신이 이스라엘 백성의 지도자가 되었다고 자랑스럽게 여겼을지도 모릅니다.

그리고 그 다음 날 다시 유대인들이 사는 곳으로 갑니다. 그런데 이번에는 유대인들끼리 싸움을 하고 있지 뭡니까! 모세에게 오기가 생겼습니다. '내가 지도자인데……'라는 마음으로 간섭하기 시작했습니다. "너희들은 동족이 아니냐? 그런데 어떻게 동족끼리 치고받느냐? 서로 잘 융화할 수 없느냐?" 모세가 그들을 훈계했습니다. 그러자 유대인이 모세에게 반발합니다. "우리가 언제 너를 우리의 지도자로 세웠느냐? 네가 재판관이 되어 우리를 다스리는 자냐? 네가 애굽 사람을 죽인 것처럼 우리 유대인들도 죽이려 하느냐?"

모세는 깜짝 놀랐습니다. 애굽 사람을 죽인 일이 탄로 난 것입니다. 두려움에 빠진 그는 도망자의 신세로 애굽을 떠납니다. 모세의 공격성과 열심이 오히려 무거운 짐이 되어버렸습니다. 모세의 열정이 잘못된 방향으로 흘러 오히려 죄를 짓게 했습니다.

아마도 모세가 죽인 사람은 애굽의 감독관이었던 것 같습니다. 그로 인해 자신도 모르는 사이 그는 애굽의 권력 다툼 자리에 빠져들게 되었습니다. 그가 히브리인들을 선동하여 바로를 적대하는 반란 지도자가 될 것이라는 모함이 있었는지도 모릅니다. 어찌 되었든 결국 불같이 화를 냈던 모세가 이제 꼬리를 내리고 도망자의 신세로 전락하고 만 것입니다.

남이 나를 비방할 때 자신을 방어하는 것은 자연스러운 행동입니다. 누군가 나를 공격했을 때 반격하고 싶은 것도 자연스러운 반응입니다. 그러나 과민한 자기방어와 끊임없는 자기변명, 그리고 쉽게 분노하는 것은 우리 안에 두려움과 교만이 있음을 방증합니다.

모세가 그랬습니다. 때문에 하나님은 아직 모세를 쓰실 수 없었습니다. 이렇게 과민하고 불같이 화를 내는 사람을 어떻게 지도자로 세울 수 있겠습니까? 그런 이를 지도자로 세우면 공동체가 고통을 받게 됩니다. 목표를 향해 달려가지 못하고 지도자의 감정에 의해 이리저리 흔들리는 공동체가 될 수밖에 없습니다. 그래서 하나님은 아직 모세를 사용하실 수 없었습니다.

떠남을 방해하는 특권의식과 퇴행

모세가 갖고 있던 또 다른 문제는 무엇이었을까요? 그는 타성에 젖어 있었습니다. 다른 말로 표현하면, 일종의 퇴행입니다.

우리가 가지고 있는 습관은 기본적으로 소중한 것입니다. 주일이 되면 저절로 하나님께 예배드려야 한다는 생각이 들고, 그래서 성경을 들고 성전으로 나아가는 그 발걸음이 얼마나 복됩니까? 습관이 없다면 매일매일이 너무 피곤할 것입니다. 주일 아침마다 '오늘 예배를 드릴까, 말까?'라고 고민하게 된다면, 그 삶이 영적으로 얼마나 피곤하겠습니까?

그러므로 좋은 습관이란 하나님이 우리 삶에 주신 복입니다. 습관이란 곧 익숙함이기 때문입니다. 익숙하다는 것은 마치 매일 입는 옷처럼 편안하다는 의미입니다.

그럼에도 불구하고 습관에 매몰되면 더 좋은 것을 잃어버릴 수 있습니다. 설렘, 기대, 변화하려는 마음, 성숙을 향해 도전하려는 마음을 잃어버릴 수 있습니다. 습관에 빠지면 습관 자체가 기득권이 됩니다. 누군가가 내 습관과 익숙함을 침범했다고 느끼면 불같이 화를 내는 사람들이 있습니다. "이것은 내 방식이야!"라고 하면서 여지를 주지 않습니다. 예수님을 믿고 그리스도인이 되었는데도 이런 모습이 여전히 남아 있습니다.

예배당에서도 늘 앉는 자리가 있습니다. 그 자리에 앉아야 안심이 됩니다. 마치 고향을 찾아온 것 같은 평안을 누립니다. 그런데 이런 습관이 문제를 일으킬 수 있습니다.

아주 오래 전에 들었던 이야기입니다. 한 청년이 찬양대에 들어가게 되었습니다. 설레는 마음으로 열정을 다해 찬양을 준비하고, 주일이 되어 찬양대석의 어느 자리에 앉았습니다. 그런데 누군가 자신에게 버럭 소리를 지릅니다. "야, 이 사람아! 여기 내 자리야." 청년은 깜짝 놀랐습니다. '내 자리? 여기 내 자리, 네 자리가 어디 있나…….' 그 청년은 어떻게 되었을까요? 다음 주일에 찬양대에 앉았을까요? 앉지 않았습니다. 그는 어느 날 조용히 교회를 떠났습니다.

나에게 귀한 자리일지라도 그것이 내 소유물이 되거나 기득권이 되어서는 안 됩니다. 저는 예배당에 오면 좌석 중앙부터 앉는 분들이 참 고맙게 느껴집니다. 물론 급한 일이 있거나 맡겨진 임무가 있어서 끝자리에 앉는 분들도 있을 것입니다. 그러나 그냥 무조건 끝자리를 고수하는 분들이 있습니다. 그래서 다른 사람이 가운데 자리로 들어가지 못하게 될 때도 있는데 말입니다.

보통 예배당에서 늘 앉는 자리가 있지 않습니까? 저도 주일에 성도들이 앉아 계신 자리를 보며 '저분이 저기 앉아 계시는

구나'라고 생각하곤 합니다. 간혹 그분이 거기에 앉아 계시지 않으면, '어디 가셨지?'라는 궁금함이 들기도 합니다. 늘 앉는 자리를 지키는 것은 괜찮습니다. 그런데 가능하면 뒤에 오시는 다른 분들을 위해 가운데 자리부터 앉으면 어떻겠습니까? 가끔 중간에도 앉아보고, 앞에도 한번 앉아보십시오. 은혜를 받는 강도가 달라집니다. 느낌도 달라질 것입니다. 우리는 작은 것에서부터 삶의 변화를 줘야 합니다.

저도 아주 보수적인 사람입니다. 변화를 주려고 해도 잘 되지 않을 때가 많습니다. 변화하기 위해서는 끙끙 앓아야 합니다. 기도하면서 결심을 해야 합니다. 변화가 그렇게 힘든 것입니다.

퇴행성이 가지고 있는 가장 큰 특징 중 하나가 바로 '자기 자리 고수'입니다. 변화를 싫어하는 것입니다. 모세도 그랬습니다. 자신은 애굽 공주의 아들이라는 특권의식에 빠져 교만했습니다. 그러다가 광야에서 매일 반복되는 목동의 삶을 살 때는 깊은 열등감에 빠져들었습니다. 그렇게 교만과 열등감을 오갈 뿐, 본질적인 변화가 없었습니다. 그래서 하나님이 모세를 사용하기 너무 힘드셨던 것입니다.

이스라엘 백성도 마찬가지였습니다. 그들은 얼떨결에 출애굽은 했습니다. 그런데 광야에서 새로운 문제를 직면할 때마다 그것을 넘어서려고 하지 않았습니다. 오히려 불평하고 원망했습니다. 그러고는 다시 애굽으로 돌아갔으면 좋겠다는 생각을 했습니다. 즉 퇴행성을 띠기 시작했습니다. 애굽에서는 비록 자유는 없었지만, 먹을 것과 마실 것, 편안한 잠자리가 있었다며 뒤로 도망가려고 했습니다. 그래서 모세를 향해, 아니 하나님을 향해 원망했습니다.

그들을 붙잡고 있었던 것이 무엇입니까? '나는 여기서 꼼짝 안 할 거야! 안 변할 거야! 그냥 이렇게 살 거야!'라는 과도한 자기방어와 공격성입니다. 그리고 그것은 도전과 모험 없는 삶으로 나타났습니다.

하나님을 바라볼 때 변화가 시작된다

어떤 마음을 품어야 엑소더스가 가능한 것일까요? 모세를 통해 그 답을 알 수 있습니다. 모세는 자기 안에 있던 두려움과 대결하였습니다. 자기 안에 있던 교만에도 도전했습니다. 그리고 또 하나, 그의 안에 있던 퇴행적 성향과 격렬하게 투쟁했습니다. 그가 이렇게 성숙한 엑소더스의 인물이 될 수 있었던 것은 무엇 때문이었을까요? 그것은 바로 하나님이 주신 사명과 그에 따른 부르심 때문이었습니다. 하나님의 인도하심과 은혜 때문이었습니다.

그러나 모세 역시 그때까지 아무런 일도 하지 않고 그저 두 손 놓고 있지는 않았습니다. 그의 삶의 현장은 치열하고도 살벌했습니다. 그는 날마다 부딪쳐나갔습니다. 날마다 하나님의 부르심에 순종하며, 하나님의 인도하심을 믿으며, 치열한 삶의 현장으로 한 걸음씩 나아갔습니다. 그 결과 그는 온유한 성품으로 변화되었다고 성경은 기록합니다.

이 사람 모세는 온유함이 지면의 모든 사람보다 더하더라 민수기12:3

'온유'란 착한 사람 콤플렉스에 걸린 것처럼 그저 아무것도 내세우지 않고 조용히 있는 것이 아닙니다. 온유한 사람이란 강인한 사람이고, 용기와 분별력이 있는 사람입니다. 그럼에도 넉넉하게 다른 사람들을 포용할 줄 아는 사람, 자기 자신을 절제하고 조절할 줄 아는 사람입니다. 남에게 책임을 전가하지 않고 내면의 분노와 화를 통제할 줄 아는 것입니다. 그래서 온유함이란 다른 말로 겸손을 뜻합니다. 자신의 약점과 한계를 잘 알고 있고 인정하는 것입니다.

어떻게 모세가 이렇게 변화되었을까요? 치열하고 살벌한 삶의 현장에서 그는 많은 것을 배웠습니다. 조용히 물러날 줄 알게 되었고, 또 그 자리에서 하나님께 기도할 수 있게 되었습니다. 보이는 세계가 흔들릴 땐, 보이지 않는 하나님을 만나 중심을 잡았습니다. 보이는 세계가 덮칠 듯 거대한 파도처럼 몰려올 땐, 보이지 않는 하나님을 바라보며 두려워하지 않고 하나님을 신뢰했습니다. 그것이 보이는 세계를 이기고 승리할 수 있었던 모세의 신앙이었습니다. 이와 같은 모세의 신앙을 히브리서는 이렇게 기록합니다.

> 믿음으로 애굽을 떠나 왕의 노함을 무서워하지 아니하고 곧 보이지 아니하는 자를 보는 것같이 하여 참았으며 히브리서 11:27

애굽을 떠난 그가 바로왕의 진노를 무서워하지 않을 수 있었던 이유 역시 그가 하나님을 바라보았기 때문입니다. 보이는 세계가 강력했지만, 그때마다 그는 조용히 뒤로 물러나 기도했습니다. 보이는 세계보다 더 크신 하나님께 자신의 실존 전체를 맡겼습니다.

보이지 않는 분을 본다는 것은 내 환경보다 더 크신 분, 내 꿈과 비전보다 더 큰 약속을 주시는 분에게 내 삶을 맡긴다는 뜻입니다. 신앙의 눈, 계시의 눈, 영적인 눈을 가진 자가 되겠다는 뜻입니다.

물론 모세는 하나님께 기도하면서 불평도 하고 화도 냅니다. 하나님을 향해 원망합니다. 이런 모세의 기도는 하나님과의 투쟁이라고도 할 수 있습니다. 하나님이 부여하신 무거운 짐을 하나님께 던져놓는 것입니다.

모세가 지도자로서 하나님 앞에 기도한 내용을 살펴보면, 우리가 공동체의 지도자가 되었을 때, 그리고 한 가정의 아버지, 어머니가 되었을 때 느끼는 아픔과 동일한 마음이었다는 것을 알 수 있습니다.

> 모세가 여호와께 여짜오되 어찌하여 주께서 종을 괴롭게 하시나이까 어찌하여 내게 주의 목전에서 은혜를 입게 아니하시고 이 모든 백성을 내게 맡기사 내가 그 짐을 지게 하시나이까 이 모든 백성을 내가 배었나이까 내가 그들을 낳았나이까 민수기 11:11-12

그는 지금 하나님께 화를 내고 있습니다. "내가 이 백성을 낳았습니까? 왜 이 백성의 짐을 내게 주십니까? 왜 나를 괴롭히십니까!"라고 한탄하며 하나님과 갈등합니다. 화나고 불평하고 싶은 것들을 공동체에 터뜨린 것이 아니라 하나님 앞에 터뜨립니다. "하나님, 마음이 초조합니다. 실망감과 좌절을 느낍니다. 미움과 분노가 마구 솟구쳐 오릅니다!" 그는 하나님 앞에 마음을 다 쏟아냈습니다. 그러자 하나님이 그의 마음을 어루만지십니다. 이내 모세의 마음이 정화되기 시작합니다.

기도로 내 마음을 토로한다는 것은 내게 맡겨진 엑소더스의 여정을 포기하지 않겠다는 일종의 선언입니다. 사람들이 나를 실망시켜도, 환경이 녹록하지 않아도, 하나님이 내게 주신 약속을 믿고 다시 일어서겠다는 선언입니다.

모세가 하나님이 여시는 엑소더스의 길을 걸을 때, 모세의 분노와 공격성은 거룩한 분노로 바뀌었습니다. 하나님은 모세로 하여금 자신 안에 갇힌 분노가 아니라 공동체를 위한 분노, 하나님의 정의를 세우는 분노를 가슴에 품게 하셨습니다.

하나님은 악을 행하고 우상을 섬기는 이스라엘 백성을 보시며 모세에게 말씀하셨습니다. "저 이스라엘 백성을 이제는 쳐부수겠다. 내가 너를 통하여 새 백성을 만들겠다." 그때 모세가 어떻게 반응했습니까? "하나님, 그러시면 안 됩니다. 내 이름이 하나님의 생명책에서 지워지더라도 이 백성은 용서하여 주시옵소서." 이 기도를 들으신 하나님의 마음이 어떠셨을까요? "모세야, 이제 네가 내 마음을 알기 시작했구나. 기특하다. 네 이름이 생명책에서 지워지더라도 이스라엘 백성이 축복받기를 원하는구나. 네가 이제 진짜 지도자가 되었구나." 이런 마음이 아니었을까요? 모세는 이스라엘 백성의 진정한 엑소더스를 위해 그의 삶 전체를 내놓았습니다. 모세가 위대한 지도자인 이유가 바로 여기에 있습니다.

약속의 땅으로 나아가라

우리 삶에도 엑소더스가 준비되어 있습니다. 작은 엑소더스도 있고 큰 엑소더스도 있습니다. 작은 엑소더스를 넘어서야 큰 엑소더스를 이룰 수 있습니다. 우리 삶에도 애굽이 있고, 광야가 있고, 가나안이 있습니다. 우리의 엑소더스 여정은 애굽을 벗어나 이제 광야까지 왔습니다.

그런데 왜 자꾸 영적인 삶의 규모가 작아지는 것일까요? 가나안을 향해 가고 있지 않기 때문입니다. 이스라엘 백성처럼 다시 뒤를 돌아봅니다. 홍해를 건너고서는 '다시 애굽으로 돌아갈래'라는 마음을 품고 있습니다. 애굽에서 나와 광야까지 왔으면서, 광야에서 다시 애굽으로 돌아가려는 것이 우리 신앙의 문제입니다.

홍해만 건너서는 되지 않습니다. 요단강까지 건너야 합니다. 광야에 왔으면 가나안까지 들어가야 합니다. 우리는 예수님을 믿기 때문에 이미 애굽을 떠나온 사람들입니다. 이제는 광야에

서 요단강을 건너 약속의 땅 가나안으로 나아가야 합니다. 그
곳에 들어가 승리하는 삶을 살아야 합니다. 물론 때로는 고난
도 겪고, 투쟁도 해야 할 것입니다. 그러나 그 어려움들이 우리
삶과 신앙을 더욱 풍성하게 만들어줄 것입니다. 힘들어도 기뻐
하고, 어려움을 당해도 감사하는 믿음을 갖게 해줄 것입니다.

우리는 예수님을 믿기 때문에 애굽에서 탈출했습니다. 예수
님을 믿기 때문에 광야에 있습니다. 그러니 이제 요단강을 건
너 약속의 땅으로 가야 합니다. 때로는 흔들릴지라도 다시 말
씀 위에 서면 됩니다. 그렇게 하나님이 주신 삶의 지경을 넓혀
가는 것입니다.

---

prayer

새로운 땅으로 우리를 부르시는 하나님, 내 안에 익숙한 것에 안
주하려는 퇴행적 사고가 있었습니다. 변화를 거부했고 성숙도 주
저했으며 기득권에 머물려 했습니다. 주님과 함께 현실을 뛰어넘
어 엑소더스의 용기를 갖길 겁냈습니다. 주님, 이제부터는 사람
의 시선을 의식하기보다는 하나님의 눈을 더 두려워하며 살게 하
옵소서. 보이지 않는 하나님을 바라봄으로 보이는 이 세상의 어
떤 것도 두려워하지 않는 담대함을 갖게 하옵소서.

역전

하나님의 역전을 기대하라

여호와는 죽이기도 하시고 살리기도 하시며 스올에 내
리게도 하시고 거기에서 올리기도 하시는도다 여호와
는 가난하게도 하시고 부하게도 하시며 낮추기도 하시
고 높이기도 하시는도다 사무엘상 2:6-7

불평등에 저항한 위인들

20세기 인물 중에는 인류 역사와 정신사에 위대한 영향력을 끼친 사람들이 넘쳐납니다. 그중 대표적인 세 사람을 꼽자면, '마하트마 간디, 마틴 루터 킹, 넬슨 만델라'입니다.

간디는 영국의 식민 통치에 저항하며 인도의 독립을 위해 비폭력 무저항 운동을 전개했습니다. 마틴 루터 킹 목사는 미국의 흑인 운동가였으며, 그 역시 흑백 차별을 극복하기 위해 비폭력 저항운동을 벌였습니다.

만델라는 용서와 화합의 정신을 실현한 정치인이었습니다. 한 사람이 온전하게 변화되면 한 공동체와 국가가 변화를 이루고, 나아가 전 세계의 정신사까지 성숙해질 수 있다는 것을 보여줬습니다.

넬슨 만델라가 살던 남아프리카공화국의 백인들은 흑인들을 차별하며 '아파르트헤이트apartheid'라는 극단적 인종차별 정책을 만들고, 그들이 사는 지역에서 흑인들을 쫓아냈습니다. 넬슨 만델라는 이에 저항운동을 벌이던 중 40대 중반에 반란죄로 종신형을 받고 감옥에 갇힙니다. 그리고 무려 27년 동안의 옥고 끝에 1990년, 72세에 석방됩니다. 이어 노벨상을 받게 되고, 76세에 남아공의 첫 번째 흑인 대통령이 되면서 '진실과 화해 위원회'를 설치하며, 마침내 흑백 갈등의 역사에 종지부를 찍습니다.

만델라는 수많은 이들에게 존경과 사랑을 받으며 2013년 12월 5일, 95세 나이로 일생을 마감했습니다. 만델라의 어록 중 몇 가지를 소개하겠습니다.

"나는 일생 동안 백인이 지배하는 사회에도, 흑인이 지배하는 사회에도 맞서 싸웠습니다. 모든 사람이 평등한 기회를 갖고 함께 살아가는 사회를 건설하고자 했습니다. 이것이 내가 일생을 바쳐 성취하고자 한 이상理想이었습니다. 필요하다면 그러한 이상을 위해서 죽을 준비가 되어 있습니다."

1964년 내란 혐의 재판의 최후 진술

"피부 색깔이나 가정 환경, 종교 등의 이유로 다른 사람을 증오하도록 태어난 사람은 아무도 없습니다. 사람은 증오를 배울 수 있습니다. 그리고 증오를 배운다면 사랑도 배울 수 있습니다. 왜냐하면 사랑은 증오보다 사람의 본성에 더 가깝기 때문입니다.

인간의 선함이란 감춰져 있지만 결코 꺾이지 않는 불꽃입니다."

"진정한 리더가 되려면 다른 사람들의 자유를 위해 희생할 준비가 되어 있어야만 합니다."

이 세 인물들에게는 몇 가지 공통점이 있습니다. 바로 예수 그리스도에게 선한 영향력을 받아 용서와 사랑으로 살아갈 것을 결심한 사람들이라는 점입니다. 간디마저도 예수님의 산상 설교를 통해 깊은 감동을 받았습니다. 예수님의 마음을 가슴에 품고 예수님이 나사렛에서 행하셨던 일들, 곧 가난한 자에게 복음을, 억눌린 자에게 자유를, 갇힌 자에게 해방을 주셨던 삶을 동일하게 실천하고자 했습니다. 또한 고통받고 억압받는 자기의 민족, 자유와 인권을 잃어버린 사람들을 향한 안타까운 마음으로 자기 전부를 투신했습니다.

이처럼 개인의 삶에 온전한 헌신이 일어나니 공동체의 삶에 변화가 일어났습니다. 높고 교만한 자는 내려오고 낮고 천한 자는 높아지는 하나님의 축복의 역사가 이들의 삶의 현장에 일어나기 시작했습니다.

불평등을 낳는 인간의 교만과 탐욕

살다가 문제가 생기면 '어떻게 이 문제를 예수님의 마음으로 해결할 것인가?'라고 생각하기보다 "이 가혹한 세상! 너무 불공평하다!"라고 불평하며 탄식부터 하지는 않습니까? 수많은 사람들이 삶의 불공정에 대해 의문을 품습니다. '내 부모는 왜 이렇게 가난했을까? 나는 왜 공부할 여건이 안 됐을까? 어떤 사람은 돈과 재물을 많이 쌓고 있는데 나는 왜 이 모양일까? 이 낮은 계층에서 과연 탈출할 수 있을까?'

이러한 질문은 한 걸음 더 나아갑니다. '이 땅에 왜 이런 고통과 고난이 있을까? 불공정성은 왜 지속되는 걸까?' 그러다 결국 신정론神正論에 대한 질문으로까지 확장됩니다. '정말 하나님은 살아 계신가? 하나님이 살아 계신다면 그분은 정의롭고 공정한 분일까?'

이 시대를 살고 있는 저도, 목사로서 이 질문을 반복하지 않을 수 없습니다. 그리고 성경을 읽으며 내린 결론은 이것입니다. 인간은 끊임없이 불공정성과 불공평, 부정의를 만들어냅니다. 인간이 얼마나 교만합니까? 인간이 얼마나 탐욕스럽습니까? 끊임없이 남의 것을 빼앗아 자기 배만 채우려고 하지 않습니까? 인간은 말로 다 할 수 없을 만큼 탐욕적입니다. 그러나 인간이 만들어놓은 불공평과 부정의가 가득한 이 땅에서 하나님은 끊임없이 공평과 정의를 세우시기 위해 애쓰십니다. 오늘도 하나님이 하나님의 사람을 부르시는 것은, 이 땅의 불공평과 불공정, 부정의를 하나님의 정의와 공의, 긍휼로 바꾸시기 위함입니다. 그래서 우리를 초청하고 계시는 것입니다.

낮추기도, 높이기도 하시는 하나님

자녀가 없어 홀대받던 구약의 여인 한나는 하나님의 은총으로 아이를 갖게 됩니다. 그 은총에 감사한 한나는 하나님을 찬양하며 노래를 부릅니다.

구약과 신약에는 몇 가지 위대한 찬양이 있습니다. 그중 하나는 구약의 출애굽기 15장에 나오는 모세와 그의 누이 미리암의 찬양입니다. 이스라엘 백성을 이끌고 애굽을 탈출하는 모세를 급습해오는 애굽 왕 바로의 군대 앞에서, 하나님은 이스라엘 백성은 건지시고 애굽의 군대는 침몰시키셨습니다. 이 놀라운 기적을 보며 그들은 하나님을 찬양했습니다.

신약의 누가복음 1장에서는 마리아에게 전혀 상상하지도 못했던 사건이 일어납니다. 결혼도 하지 않은 처녀가 성령으로 잉태케 된 것입니다. 그리고 그것이 이 세상을 향한 하나님의 구원의 역사인 것을 깨달은 마리아는 하나님을 찬양합니다. 이것이 누가복음 1장에 나타난 마리아의 찬가Magnificat입니다.

지금까지 소개한 찬양을 통해 알 수 있는 하나님의 뜻이 있습니다. 바로 하나님은 교만한 자를 내리치신다는 내용입니다. 자기 자신만을 위해 권세를 붙잡고 있는 사람들은 하나님이 내리치시고, 반대로 겸손한 사람들, 가난하고 배고픈 사람들, 하나님을 기다리는 사람들은 높여주신다는 것입니다.

창세기부터 요한계시록까지 성경을 쭉 읽어보면, 하나님의 이 '역전' 사건이 얼마나 자주 일어나는지 모릅니다. 하나님의 역전은 높아진 자는 무조건 끌어내리신다는 식의 뒤집기가 아닙니다. 약한 자를 무조건 높여주시겠다는 것도 아닙니다. 하나님의 역전은 조금 높아졌다고 뽐내며 연약한 자를 무시하는 교만한 자들을 받아들이지 않으시겠다는 뜻입니다. 이는 고통받는 사람들을 향한 하나님의 관심이고 접근입니다. 이러한 생명과 치유의 역사가 성경 곳곳에 기록되어 있습니다.

왜 하나님은 힘 있는 자, 많이 가진 자, 높이 올라간 자들을 내리치려고 하실까요? 인간의 교만과 탐욕이 가진 특성이 무엇입니까? 잘됨과 높아짐을 하나님이 주신 축복과 사명으로 여기지 않고, 자신만을 위하는 도구로 삼는 것입니다.

인간 안에 교만과 탐욕이 쌓일수록 어떤 문제가 나타날까요?

바로 차별입니다. 권력의 차별, 경제적 차별, 사회적 차별, 남녀 간의 차별, 민족주의적인 배타성 등이 나타납니다. 레닌과 스탈린이 그 예가 되지 않았습니까? 히틀러가 그렇지 않았습니까? 북한의 김일성과 그 지배 집단이 그렇지 않았습니까? 그 안에는 탐욕과 교만이 있습니다.

교만과 탐욕의 방향성은 구심력과도 같습니다. 끊임없이 자기 자신에게만 집중합니다. 마치 블랙홀과 같아서 모든 것을 자신에게로 끌어들입니다. 부자들이 만족하는 것을 보셨습니까? 권력을 탐하는 자들이 만족하는 것을 보셨습니까? 하나의 권력을 가지면 더 큰 권력을 가지려 하고, 무언가를 얻고 나서도 더 많이 가지려 합니다. 세상에서 좋다고 하는 모든 것들을 다 자신에게로 끌어들이려 합니다. 인간의 교만과 탐욕이 무서운 이유는, 만족을 모르기 때문입니다. 블랙홀과도 같이 아무리 쏟아부어도 만족할 줄 모릅니다. 그래서 하나님이 그런 인생을 뒤집겠다고 하시는 것입니다.

동시에 하나님은 사랑을 가르쳐주십니다. 원심력으로서의 하나님 사랑, 이웃 사랑을 우리에게 가르치십니다. 블랙홀처럼 빨아들이기만 하는 것은 외부와의 단절을 야기하고, 결국 자기 파멸을 일으킬 뿐입니다. 바깥으로 향하는 원심력이 있어야 진정한 회전의 힘이 생깁니다. 그래서 하나님은 원심력의 사랑을 가르치십니다. "네 이웃 중에 고통받는 자가 있다는 것을 아느냐? 네 이웃이 힘들게 살고 있다는 것을 아느냐? 다른 사람들이 삶의 곤고 속에서 신음하고 있는 것을 아느냐?"라고 말씀하십니다.

삶을 전복하는 하나님의 역전

하나님은 한나에게 이 놀라운 섭리를 깨닫게 하셨습니다. 그래서 그녀는 하나님과 백성 앞에서 이렇게 노래를 부릅니다.

용사의 활은 꺾이고 넘어진 자는 힘으로 띠를 띠도다 사무엘상 2:4

용사는 더 용감해지고 넘어진 자는 파멸하는 것이 인생의 각본 아닙니까? 그래서 우리가 부정의와 불공평을 싫어하고, 빈익빈 부익부를 싫어하는 것 아닙니까? '내가 가난해지면 앞으로 일어설 자리가 없다. 일단 부자가 되어야 더 큰 부자가 된다'라는 생각이 우리의 가치관과 세계관에 침전되어 있지 않습니까?

그런데 한나의 찬가를 들어보면, 하나님이 용사의 든든한 활을 꺾어버리신다고 합니다. 넘어진 자, 별 볼 일 없고 무력한 자는 세워주신다고 합니다. 그것이 하나님의 뜻이라는 것입니다.

풍족하던 자들은 양식을 위하여 품을 팔고 주리던 자들은 다시
주리지 아니하도다 전에 임신하지 못하던 자는 일곱을 낳았고
많은 자녀를 둔 자는 쇠약하도다 사무엘상 2:5

인생에 역전이 일어납니다. 풍족하고 넉넉하던 자들은 품을
팔게 되고, 주린 자, 목마른 자들은 더는 주리지도, 목마르지도
않게 됩니다. 깜짝 놀랄 만한 일 아닙니까? 도대체 이게 무슨
뜻일까요?

삶에 반전이 일어난다는 의미입니다. 인생에서 한 번 꼴찌 했
다고 매번 꼴찌가 되는 것은 아니라는 뜻입니다. 인생에서 한
번 일등 했다고 계속 일등이 보장되는 것도 아니라는 뜻입니다.
그러므로 잘나갈 때 오히려 더 겸손하고, 실수하고 실패할 때
희망을 잃지 말고 살아가라는 말씀입니다. 이것이 바로 하나님
이 우리에게 주신 축복의 역사입니다.

여호와는 죽이기도 하시고 살리기도 하시며 스올에 내리게도
하시고 거기에서 올리기도 하시는도다 여호와는 가난하게도
하시고 부하게도 하시며 낮추기도 하시고 높이기도 하시는도
다 사무엘상 2:6-7

놀랍지 않습니까? 하나님은 왜 이런 일을 하실까요? '힘이 있다면 다 징계를 하겠다. 부자는 다 못살게 하겠다' 하는 단순논법이 아닙니다. '힘없는 자는 내가 무조건 축복하겠다. 가난한 자는 내가 무조건 좋아하겠다'라는 뜻도 아닙니다. 바로 "내가 준 힘을 받았느냐? 그 힘을 무엇을 위해서 썼느냐? 네가 재물을 많이 가졌느냐? 그 재물을 어떻게 사용해야 하겠느냐?"라고 물으시는 것입니다. 그리고 '나'만을 위한 재물, '나'만을 위한 권력은 교만이니 내치시겠다는 뜻입니다.

하나님의 역전은 희망이다

세례 요한이 하나님의 말씀을 증거할 때, 그는 하나님 나라를 선포했습니다.

> 모든 골짜기가 메워지고 모든 산과 작은 산이 낮아지고 굽은 것이 곧아지고 험한 길이 평탄하여질 것이요 모든 육체가 하나님의 구원하심을 보리라 누가복음 3:5-6

누구나 다 구원에 참여할 수 있게 됩니다. 높은 산은 하나님이 깎아 내리시고, 깊은 골짜기에서 신음하던 이들을 위해서는 골을 메워 높여주신다는 것입니다. 외모나 성별, 가진 것으로 차별하지 않고, 오직 예수 그리스도 안에서 하나님 나라의 시민권자가 되는 새로운 나라를 이 땅에 허락하신다는 약속입니다. 이는 곧 높은 자에게는 낮고 천한 자를 살펴보라고, 낮고 비천한 자에게는 앞으로 새로운 시대가 열렸으니 희망을 가지라고 말씀하시는 것과 같습니다.

하나님의 수많은 이름 중 우리에게 친근한 이름이 무엇입니까? 바로 '고아와 과부의 하나님'입니다. 하나님은 고아와 과부도 인격을 가진 자들이며 그들도 존중받으며 살아야 한다고 말씀하셨습니다. 이를 위해 구약 시대에는 사사와 예언자들을 이 땅에 보내주셨고, 마지막 시대에는 예수님을 보내주셨습니다.

그리고 예수님 안에 하나님이 함께 계셨습니다. 하나님은 인간의 고통에 동참하셨습니다. 'Passion'이 그리스도의 수난을 뜻하는데, 하나님의 긍휼은 'compassion'(com-, '함께'라는 뜻)입니다.

즉 같이 아파하셨다는 것입니다. 이를 통해 가난한 자들과 애통하는 자들, 고통받는 자들에게 희망을 주셨습니다. 이를 뒤따랐던 사도 바울 역시 인생의 수많은 고난을 경험하면서 뭐라고 이야기합니까?

우리의 모든 환난 중에서 우리를 위로하사 우리로 하여금 하나
님께 받는 위로로써 모든 환난 중에 있는 자들을 능히 위로하게
하시는 이시로다 고린도후서 1:4

고난을 이겨냈습니까? 가난을 극복했습니까? 외로움을 견뎠
습니까? 그렇다면 고통받는 자들을 다시 세우기 위해 하나님
이 우리에게 축복을 먼저 허락하셨음을 기억해야 할 것입니다.

다시 꿈과 희망의 노래를 부르라

하나님이 왜 이 시대에 성령을 부어주시는 것일까요? 성령이
란 하나님의 마음을 품은 파토스, 즉 열정이라고 할 수 있습니
다. 힘들고 어렵게 사는 사람들을 세워주는 것, 그것이 하나님
이 성령을 부으시는 이유입니다.

한나는 축복의 역사를 노래했습니다. 먼저 가정의 축복을 노
래했습니다. 이어 민족사를 움직이는 축복을 노래했습니다. 이
스라엘의 민족사가 세계사를 변화시키고 인류 역사에 새로운
꿈과 희망을 가져다주었습니다.

우리에게 잊힌 노래가 있습니까? 다시 찾기를 바랍니다. 부르지

않게 된 찬양이 있습니까? 다시 영혼의 찬양을 회복해야 합니다.

하나님이 우리에게 주신 축복은 우리가 하나님 나라를 위해 쓰임받는 것입니다. 이 축복은 고난과 슬픔, 절망을 이겨내게 하며 낮추기도 하시고 높이기도 하시는 하나님의 뜻과 역사를 경험하게 하는 하나님의 초청입니다.

이 부르심을 통해 오늘도 새로운 용기를 얻어 하나님의 마음을 품고, 이 시대의 어느 곳에 고통과 아픔, 핍박과 억압이 있는지 살필 수 있기를 바랍니다. 나아가 우리가 그들을 회복시키는 하나님의 사람이 되기를 원합니다. 그것이 바로 하나님의 사람들이 만들어가는 역사입니다.

prayer

역사를 주관하시는 하나님, 하나님은 교만한 자를 낮추시며 겸손한 자를 높이시는 공평과 정의의 하나님이십니다. 그 하나님을 신뢰하며 한나의 노래처럼 내 삶 자체가 하나님을 향한 찬양이 되게 하옵소서. 잃어버린 노래, 멈추어진 찬양을 되찾아 내 영혼이 주님과 함께 기쁨으로 소리쳐 노래하게 하옵소서.

THEME 15
믿음

믿음을 가지고 개혁하라

그러므로 믿음으로 말미암은 자는 믿음이 있는 아브라
함과 함께 복을 받느니라 갈라디아서 3:9

신앙 개혁을 일으킨 루터

1517년 10월 31일, 독일의 마틴 루터가 비텐베르크 성당에 95개조 논제로 로마 가톨릭에 대한 반박문을 겁니다. 가톨릭교회의 가르침과 타락에 대한 격렬한 논쟁을 불러일으킨 이 사건이 곧 500주년을 맞이하게 됩니다.

당시 이 사건으로 인해 루터에게 가톨릭교회로부터 엄청난 공격과 위협을 받았습니다. 때론 동료들도 비난에 가세했습니다. 상황이 이렇게 되자 당당했던 루터도 깊은 실의에 빠져 좌절하게 됩니다.

상심하며 두려워하고 있던 루터 앞에 어느 날, 수녀였던 그의 아내 폰 보라가 검은 상복을 입고 나타났습니다. 루터는 깜짝 놀라 누가 죽었느냐고 물었습니다. 그러자 그녀가 이렇게 말했습니다. "예, 당신의 하나님이 죽었습니다. 하나님이 살아 계시다면 어떻게 당신이 이렇게 절망 속에 계속 빠져 있을 수가 있겠습니까?" 아내의 말에 루터는 정신이 번쩍 들었습니다. 그리고 다시 일어설 수 있었습니다.

루터의 개혁 정신과 용기를 잘 드러낸 찬송가가 있습니다. 루터가 직접 작사와 작곡을 한 〈내 주는 강한 성이요〉(새찬송가 585장)라는 곡입니다. '내 주는 강한 성이요 방패와 병기 되시니…… 이 땅에 마귀 들끓어 우리를 삼키려 하나 겁내지 말고 섰거라 진리로 이기리로다 친척과 재물과 명예와 생명을 다 빼앗긴대도 진리는 살아서 그 나라 영원하리라.'

루터의 종교개혁을 지지했던 많은 사람들이 이 찬양을 불렀습니다. 후에 멘델스존은 교향곡 5번 제4악장에 이 곡을 주선율로 담아 〈종교개혁〉이라는 곡을 쓰기도 했습니다. 루터는 음악을 참 소중히 여겼습니다. 그는 신학 다음으로 음악이 가장 큰 하나님의 선물이라고 자랑하기도 했습니다. 음악에는 상한 영을 고치고 소생시키며 마귀를 쫓아내는 힘이 있다고 주장하기도 했습니다.

믿음으로 돌아가라

루터가 일으킨 종교개혁에는 세 가지 표어가 있었습니다. 오직 성경으로_{sola scriptura}, 오직 은혜로_{sola gratia}, 오직 믿음으로_{sola fide}입니다.

'오직 성경으로'는 가톨릭의 교훈과 전승을 넘어서 성경으로 돌아가야 한다는 뜻입니다. '오직 은혜로'는 예수 그리스도 이외에 다른 구원의 길은 없다는 뜻이고, '오직 믿음으로'는 믿음 이외의 다른 행위와 업적들을 통해 구원받으려는 것은 잘못이며 오직 믿음으로만 하나님 앞에 설 수 있다는 선포입니다.

'믿음으로 돌아가라'는 것이 루터가 일으킨 종교개혁의 핵심입니다. 누구라도 하나님 앞에 모든 것을 내려놓고, 예수 그리스도를 믿기만 하면 하나님의 은혜와 구원의 자리에 들어간다는 선포입니다. 이런 깨달음은 루터가 처음이 아닙니다. 이미 2000년 전에 사도 바울이 로마서와 갈라디아서에 쓴 복음입니다.

목사인 저에게도 '오직 믿음', 이것은 너무나 소중합니다. 저는 종교개혁주일을 맞이할 때마다 다시 한 번 제 자신을 돌아봅니다. 혹시 내 마음속에 믿음대로 행하지 않았던 것들이 있는지, 내 신앙이 미신이나 우상숭배와 유사한 것은 아닌지 말입니다.

미신과 우상숭배란 무엇일까요? 믿지 않아야 할 것, 믿을 만한 가치가 없는 것에 마음을 쏟는 것이 미신입니다. 인간이 만든 것에 절하고 그것을 섬기는 것이 우상숭배입니다. 즉 미신과 우상숭배란 인간이 만든 것에 몰입하는 것입니다. 이것은 자기 자신이 주인이 되려는 시도이기도 합니다. 사라질 것에 목을 매는 것입니다. 삶의 아주 가까운 곳에서 우리를 미혹시키는 것들입니다.

저는 새벽예배를 나갈 때마다 저희 교회 십자가 탑에 쓰인 '예수 소망'이라는 글자를 봅니다. 이른 아침, 그 글자를 마주할 때면 기분이 참 좋아집니다. 교회에 들어가면 강대상 위편에도 십자가 모양이 있습니다. 예쁜 십자가 목걸이를 하기도 합니다. 제 방에도 몇 가지 십자가 모형들이 있습니다. 예수 그리스도의 수난을 나타내주는 상징입니다.

그러나 이 또한 잘못하면 우상이 될 수 있습니다. 내가 십자가를 몸에 지니고 있다고 해서 그 나무 조각, 구리 조각이 나를 구원해주는 것은 아닙니다. 예수 그리스도가 십자가에 달리셔서 하나님의 은혜와 사랑을 보여주셨기 때문에, 우리가 구원을 얻을 수 있는 것입니다.

차 안에 성경책이 있다고 해서 그 차가 안전한 것이 아니지 않습니까? 새벽기도를 하니까, 십일조를 내니까, 목사니까 내 인생이 안전하다고 할 수 있는 것은 아니지 않습니까? 새벽예배에 나가는 것은 하나님의 말씀을 사모해서이고, 십일조를 내는 것은 하나님이 베푸신 은혜에 감사해서이지 그것들이 나의 안전을 보장해주는 것은 아니지 않습니까? 우리는 믿음과 미신을 구분하지 못할 때가 있습니다. 자칫 보이는 것을 붙잡고 거기에 모든 것을 쏟아부으면서 마치 안전판 위에 있는 것처럼 착각할 수 있다는 것입니다.

사이비 종교들, 이단들을 보면 그 안에 교주가 있습니다. 그들이 하는 일은 미신을 이용해 사람들을 달래기도 하고 때로는 협박하면서 그들을 억압하는 것입니다. 안개처럼 사라질 인간, 즉 교주를 향해 맹목적으로 숭배하도록 하는 것입니다. 통일교가 그랬고, 신천지가 그렇습니다. 그들은 예수님을 믿지 않는 사람들을 긍휼히 여겨 전도하는 것이 아닙니다. 자기 자신을 구원하기 위해 업적을 쌓는 것입니다. 그래서 예수 믿는 사람들을 뒤쫓아 다닙니다. 이는 더욱 악한 것입니다.

저는 제 신앙이 신념과 어떻게 다른지 끊임없이 생각해보곤 합니다. 자기 자신을 신뢰한다는 것이 얼마나 멋진 일입니까? 내 생각을 주장할 수 있다는 것은 또 얼마나 성숙하다는 표시입니까?

그러나 신뢰와 신념은 신앙과는 엄연히 다릅니다. 나에게서 나오는 것이 신념이라고 한다면, 신앙은 하늘로부터 주어지는 것입니다. 신념이란 자기 확신이며 자기 생각을 주장하는 것입니다. 그래서 신념의 사람들은 교만하기 쉽습니다. 자기를 의지하는 힘이 너무 강력하기 때문입니다. 예수 그리스도를 믿으면서도 교만한 사람들은 신앙을 가진 것이 아니라 신념에 사로잡힌 경우가 많습니다.

신앙이란 하나님으로부터 온 것이기 때문에, 신앙의 사람들은 "하나님, 저는 죄인입니다. 우리 모두 죄인이기에 내가 남을 넉넉한 마음으로 볼 수밖에 없습니다. 하나님이 주신 말씀을 붙들고 사람들과 함께 나아가겠습니다"라고 하며 겸손히 하나님 앞에 머리를 숙입니다.

들음에서 성장하는 믿음

신앙은 어디서부터 올까요? 바로 '들음'에서입니다. 들음은 하나님의 말씀으로부터 시작됩니다. 하나님의 말씀인 예수 그리스도를 묵상하고 예수님의 말씀을 들을 때 신앙이 성장합니다. 그러므로 신앙은 내 결단, 내 생각, 내 판단만으로 되는 것이 아니라 하나님이 주시는 선물인 것입니다.

> 그러므로 믿음은 들음에서 나며 들음은 그리스도의 말씀으로 말미암았느니라 로마서 10:17

들어서 믿게 된다고 합니다. 하나님의 말씀을 들을 때 믿게 되는 것입니다. 내가 믿고, 결단하고, 신뢰한다는 이 믿음조차 하나님이 내 마음을 움직이셔야 가능한 것입니다. 그래서 믿음이 은혜입니다. 성경은 이렇게 말씀합니다.

> 너희에게 성령을 주시고 너희 가운데서 능력을 행하시는 이의 일이 율법의 행위에서냐 혹은 듣고 믿음에서냐 갈라디아서 3:5

내게 믿음이 있는 것, 성령을 받고 성령의 역사를 경험한 것이 내 의지에 의한 것이 아니라는 이야기입니다. 하나님의 말씀을 듣고 하나님을 신뢰할 때 성령의 역사를 베풀어주셨다고 성경이 우리에게 가르칩니다.

갓난아이가 젖을 사모하듯

제 스스로도 끊임없이 확인하는 것이 있습니다. 바로 신앙의 형식주의입니다. 오랫동안 신앙생활을 하다보면 형식적인 신앙에 빠지기 쉽습니다. 신앙생활을 오래 해왔다는 것이 얼마나 큰 복입니까? 그러나 이것도 반복되면 새로움을 느끼지 못하고 무뎌집니다. 익숙함에 젖어 습관적인 신앙생활을 영위하게 된다는 이야기입니다. 그래서 우리는 하나님은 나와 전적으로 다른 분이라는 사실을 늘 확인해야 합니다. 나는 죄인이지만 그분은 거룩한 분이시며, 우리는 위대하신 그분 앞에 두려움과 떨림으로 서야 한다는 사실을 말입니다.

이 사실을 놓치면 신앙은 형식화되고 습관화 됩니다. 영적인 신비도 사라집니다. 하나님의 거룩하심을 인식하지 못하게 됩니다. 하나님을 내 앞에 모신다 해도 떨리는 마음이 사라지는 것입니다. 영적인 계시와 신비적 초월을 더 이상 경험하지 못하는 것입니다. 그렇게 되면, 하나님의 말씀은 그저 기록된 문자로만 다가올 뿐입니다. 말씀이 문자화 되면 교리로 나타나기 시작합니다.

루터가 몸담고 있던 당대 로마 가톨릭교회에는 어떤 문제가 있었습니까? 신앙이 교리화 되었고 교조주의적 이데올로기처럼 바뀌어 더 이상 신앙이라 할 수도 없었습니다. 신앙은 사람을 자유롭게 하는 것인데, 오히려 사람을 억눌렀습니다. 신앙이란 우리에게 주시는 하나님의 선물인데, 교회가 신앙을 좌지우지하며 믿음의 사람들을 억압했습니다.

그래서 성경을 읽을 때마다 필요한 기본적인 마음 자세가 있습니다. 마치 어린아이가 어머니의 젖이 먹고 싶어 안달하는 것과 같은 마음으로 하나님의 말씀을 읽고 배워야 합니다.

> 그러므로 모든 악독과 모든 기만과 외식과 시기와 모든 비방하
> 는 말을 버리고 갓난아기들같이 순전하고 신령한 젖을 사모하
> 라 이는 그로 말미암아 너희로 구원에 이르도록 자라게 하려 함
> 이라 베드로전서 2:1-2

이 말씀에 몇 가지 중요한 이야기가 있습니다. 내가 지금까
지 가지고 있던 기만, 외식, 비방하는 말들을 버려야 한다는 것
입니다. 그리고 갓난아이처럼 되라고 합니다. 영어 성경을 보
면, "like newborn babies"라고 표현되어 있습니다. 지금 막 태
어나 눈도 뜨지 못하는 아이가 무엇부터 찾습니까? 엄마 젖부
터 찾습니다. 그런 마음으로 하나님의 말씀을 사모하라는 것입
니다. 하나님의 말씀이 내 생명인 것처럼 갈망하라는 것입니다.

목사가 되면 갓난아이처럼 말씀을 사모하지 않아도 되는 것
일까요? 교회 나온 지 30년이 되고 50년이 되면 충분히 성숙한
사람이 된 걸까요? 아니라는 것입니다. 주님 앞에 설 때까지 갓
난아이처럼 말씀을 사모하고 사랑해야 한다는 것입니다.

이유는 딱 한가지입니다. "그로 말미암아 너희로 구원에 이
르도록 자라게 하려 함이라." 그래야만 우리가 자라고 성숙해질

수 있다고 합니다. 변화되는 것입니다.

형식주의의 문제가 무엇일까요? 신앙의 성숙을 멈추게 하는 것입니다. 우리를 위선주의자로 만드는 것입니다. 예수님은 왜 당대에 학식이 풍부했던 서기관들과 바리새인들에게 "화 있을진저 이 독사의 자식들아!"라고 꾸짖으셨을까요? 자라나지 않기 때문에, 변화를 거부하고 있기 때문에, 하나님의 말씀을 갓난아이처럼 사모하지 않기 때문에, 나는 다 되었다고 착각하고 있었기 때문입니다. 그래서 그들을 보시며 "너희들은 하나님 나라에 들어가는 것을 가로막고, 남도 못 들어가게 하고 있구나!"라고 꾸짖으신 것입니다. 신앙인들을 미혹하는 것이 바로 이러한 형식주의입니다. 이 형식주의를 넘어서지 않으면 변화와 성숙은 일어나지 않습니다.

'내 것'은 없다

신앙의 형식주의 외에도 참 신앙을 가로막는 것이 또 하나 있습니다. 오랫동안 믿음생활을 하다 보면 만나게 되는 사유화私有化라는 그릇된 길이 그것입니다. 이스라엘 백성은 하나님의 축복을 받은 민족입니다. 하나님이 선택하신 백성입니다. 그런데 그들은 여호와 하나님을 사유화하기 시작했습니다. 자기들만이 선민選民이라고 생각했습니다. 자기들만 구원받고 다른 사람들은 멸망당하게 두면서 자기들만 높임을 받으려고 한 것입니다.

하나님이 이스라엘 백성을 택하신 것은 그들이 하나님을 아는 것처럼, 온 세계의 백성들도 모두 하나님을 알고 사랑하기를 원하셨기 때문입니다. 그러나 그들이 하나님을 사유화하기 시작함으로 눈이 감겨버리고 말았습니다.

요나서를 읽어보셨습니까? 요나는 하나님에 대한 신앙을 배타적인 민족주의 안에 가두어버립니다. 선교하지 않겠다는 것입니다. 복음을 증거하지 않겠다는 것입니다. 나만 하나님을 믿고 나만 구원을 받겠다는 것입니다. 하지만 하나님은 이러한 모습을 싫어하십니다. 잘못된 것이라고 말씀하십니다.

초대교회에도 신앙을 사유하는 모습들이 나타났습니다. 아나니아와 삽비라 부부가 하나님의 것을 사유하려 했고, 결국 하나님께 징계를 받았습니다. 또 히브리파 유대인들과 헬라파 유대인들 사이에 언어의 차이로 소통의 문제가 생기면서 초대교회가 갈라지게 되었습니다. 그러면서 교회를 자기의 것으로 사유화하기 시작했습니다. 갈라디아교회가 그러했습니다. '나는 할례받은 그리스도인이고, 너는 할례받지 않은 그리스도인이다. 우리는 다르다'라고 생각하며 서로 분리되기 시작했습니다.

바울은 이런 현상이 너무나 안타까웠습니다. 그래서 계속 이렇게 권면했습니다. "하나님은 할례받은 자의 하나님이시면서 동시에 할례받지 못한 자의 하나님이신 것을 너희가 어찌 알지 못하느냐?"

고린도교회에도 신앙의 사유화가 일어났습니다. 영적인 은사와 능력이 고린도교회에 풍성하게 나타났습니다. 어떤 이들은 영적 열광주의에 빠졌습니다. 또 어떤 이들은 성령의 은사를 받고, 그것들을 사유하기 시작했습니다. 은사를 받지 못한 이들을 정죄하고 조롱했습니다. '나는 은사를 받은 자'라고 자랑하면서 고린도교회를 흔들어놓았습니다.

심지어 그들에게 복음을 전한 사역자들까지 사유하려고 했습니다. '나는 게바에게 복음을 전해 들은 게바파다', '나는 바나바에게 전해 들은 바나바파다', '나는 바울에게 전해 들은 바울파다'라며 자신을 구분했습니다. 그랬더니 또 다른 파가 나타나서 "우리는 그리스도파다!"라고 말할 정도로 고린도교회는 엄청난 위기에 빠졌습니다.

이런 모습이 옛 교회에서만 나타나는 현상일까요? 오늘 우리에게는 이런 모습이 없을까요? 오랫동안 교회에 나온 분들이 교회의 일에 주인의식을 갖고 많은 일을 감당하는 것은 참으로 아름다운 일입니다. 그런 마음으로 새로운 교인들을 환대하고 교회를 돌보는 것이 얼마나 소중한 일입니까?

그런데 한편으로 이런 마음이 들 때가 있을지도 모릅니다. '내가 교회를 위해 얼마나 시간을 쏟았는지 아는가? 내가 교회에 바친 헌금이 얼마나 많은지 아는가? 내가 이 교회를 위해 쏟은 정성이 얼마나 많은지 아는가? 이 교회는 내 것이야!' 이것은 우상숭배와 같은 잘못된 신앙의 사유화로부터 비롯된 생각입니다.

목회자들도 마찬가지입니다. 교회를 개척하고 건축하는 것이 얼마나 소중한 일입니까? 많은 교인들이 모이는 것이 얼마나 큰 축복입니까? 안수를 받아 교회의 직책을 맡는 것이 얼마나 소중한 일입니까? 그런데 '이것은 내 것이야!'라는 생각을 하게 되면 그때부터 타락의 길을 가는 것입니다. 그때부터 교회는 참 교회가 되지 못하고, 목회자는 참 목회자가 되지 못하는 것입니다. 오늘날 대두되는 목회 세습과 교회 사유화 문제의 근원에는 하나님의 것을 내 것으로 여기는 영적 지도자들의 그릇된 인식이 도사리고 있습니다.

오직 믿음으로

오늘 이 시대에도 믿음이 필요합니다. 루터의 종교개혁은 로마 가톨릭교회가 기독교 신앙을 사유화한 것에 대한 저항이었습니다. "왜 당신들이 모든 것을 사유하고 독점하려느냐? 백성에게 자유를 주기보다 왜 종처럼 휘두르려고 하느냐?" 바로 이것이 종교개혁이 이끈 새로운 저항운동이었습니다.

참된 믿음은 유대인도 이방인도 하나라고 말합니다. 가진 자들도 없는 자들도 하나라고 합니다. 남자와 여자라는 성별에 상관없이, 모두가 하나라고 합니다. 하나님의 선물, 하나님이 주신 은혜가 믿음 안에서 우리 모두에게 주어졌다는 것입니다.

소위 잘나가는 사람들, 지식과 재물, 권력이 있는 사람들도 주님 앞에 나아올 땐 모든 것을 내려놓아야 합니다. 믿음만으로 주님 앞에 서는 것입니다. 반대로 가진 것이 아무것도 없고, 가슴에는 멍들고, 병들어 큰 짐을 지고 답답해하며 슬퍼하는 사람들도 주님 앞에는 모든 것을 다 내려놓고 나아오는 것입니다. 믿음만을 붙들고 나아오는 것입니다. 그래야 교회가 살아나는 것입니다. 그렇게 은혜의 공동체가 되고, 사랑의 공동체가 되고, 주님 안에서 하나 되는 공동체가 되는 것입니다.

주께서 말씀하십니다. "내게 와라. 그리고 나를 향해서 너의 답답함을 모두 터뜨려라. 내가 너희를 쉬게 하겠다." 이렇게 말씀하시는 주님을 바라보아야 합니다.

한국 교회에 위기가 찾아왔다고 이야기합니다. 우리는 이제 어떻게 해야 하겠습니까? 먼저 나부터 변화되고 개혁되어야 할 것입니다. 내가 속한 교회부터 하나님이 기뻐하시는 교회가 되어야 합니다. 그때 하나님이 한국 교회를 변화시켜 개혁된 교회, 하나님이 기뻐하시는 교회로 세우실 것입니다. 우리에게 이 책임이 있습니다.

'내가 미신을 믿고 있는 것은 아닌가? 내가 자기 신념으로서의 믿음을 갖고 있는 건 아닌가? 내가 형식화 속에서 무너지고 있지는 않은가? 내가 하나님이 주신 것들을 사유화하고 있지 않은가?' 우리는 늘 점검해야 합니다. 그리고 이런 문제들을 넘어서는 길은 오직 믿음뿐입니다. 예수 그리스도를 믿고, 또 그분이 은혜를 주신다는 것을 믿으며 앞으로 나아갑시다.

prayer

믿음의 주이신 하나님 아버지, 우리에게 미신과 같은 신앙, 자기 신념의 오만한 신앙, 형식화된 신앙, 사유화된 신앙이 있음을 고백합니다. 다시 주님의 말씀으로, 다시 믿음으로 시작하게 하옵소서. 오직 예수 그리스도만을 바라보며 믿음만으로 나아가는 주님의 자녀들이 되게 하옵소서.

감사

감사로 삶을 채우라

그리스도의 평강이 너희 마음을 주장하게 하라 너희는
평강을 위하여 한 몸으로 부르심을 받았나니 너희는 또
한 감사하는 자가 돼라 골로새서 3:15

감사할 줄 몰랐던 아담과 하와

하나님이 우리에게 공간을 주셨습니다. 아름다운 하늘과 땅, 자연 만물, 삶의 모든 자리를 선물로 주셨습니다. 그래서 푸른 하늘을 바라보며 감사하고, 떨어지는 낙엽을 보면서도 감사합니다. 이 땅에 사시사철이 있음에도 감사를 드리게 됩니다. 하나님이 우리에게 시간을 주셨습니다. 세월은 흘러가지만 믿음의 사람들은 다가오는 시간을 기대하며 내게 주신 시간이 얼마나 소중하고 복된 시간인지를 감사로 고백합니다. 또 내 옆에 사랑하는 사람들을 주셨습니다. 그들의 따뜻한 손을 잡아보며 '아, 내 옆에 사랑하는 사람이 있구나!'라고 고백할 수 있게 하십니다. 무엇보다 믿음을 주셔서 하나님께 예배드리게 하시니 참으로 감사하지 않을 수 없습니다.

예배란 무엇일까요? 감사드리는 것입니다. 하나님께 감사하는 시간이며, 감사를 드리는 행위입니다. 내 안에 감사가 없다면 그 예배는 참된 예배가 될 수 없습니다. 내가 감사하는 마음으로 예물을 드리지 않는다면 그 예물 역시 헛것이 될 것입니다.

성경에 나타난 수많은 인물들을 두 종류로 나눌 수 있습니다. 하나님을 아는 사람과 하나님을 모르거나 적대하는 사람입니다. 다른 말로 표현한다면, 하나님을 경외할 줄 알며 감사하는 사람과 하나님을 무시하며 불평하는 사람이라고 할 수 있습니다.

인류의 첫 번째 사람이었던 아담과 하와는 감사할 줄 모르는 사람이었습니다. 하나님이 그들에게 주신 것들을 생각해보면 천 가지, 만 가지가 넘었습니다. 그런데 단 한 가지, 선악과를 먹지 말라는 것에 그들은 불만을 가졌습니다. 바로 그 불만과 불평의 순간에 사탄이 찾아왔습니다. 기회만 엿보다가 그들을 유혹했습니다. 불평이 아담과 하와의 인생 전부를 망가뜨리고 만 것입니다.

가진 것을 감사하기도 바쁜데, 갖지 못한 것을 불평하며 인생을 낭비할 때가 얼마나 많습니까? 그런데 그렇게 하면 내가 망가집니다. 내 얼굴도 비뚤어집니다. 마음이 망가져 있기 때문입니다.

아침에 일어나면 거울부터 보라는 말을 종종 듣습니다. 내 얼굴이 얼마나 푸석푸석한가? 주름살이 늘었는가? 흰머리가 몇

개 더 생겼는가? 하고 살펴보곤 합니다. 그러나 우리가 정말 제대로 보아야 할 것은 눈동자입니다. 맑고 밝은지 아니면 몽롱한지, 따뜻한지 아니면 차가운지, 사랑스러운지 아니면 미움과 분노가 차 있는지, 우리의 눈동자를 살펴봐야 합니다. 내 마음이 내 얼굴에, 내 얼굴이 내 눈동자에 들어 있기 때문입니다.

감사하는 사람이 행복하다

우리는 가인의 이야기를 알고 있지 않습니까? 가인은 동생 아벨을 따라 하나님께 예물을 드렸지만 하나님은 그의 예물을 받지 않으셨습니다. 창세기는 그 사건에 대해 이렇게 기록합니다.

> 가인과 그의 제물은 받지 아니하신지라 가인이 몹시 분하여 안색이 변하니 여호와께서 가인에게 이르시되 네가 분하여 함은 어찌 됨이며 안색이 변함은 어찌 됨이냐 창세기 4:5-6

가인과 아벨의 차이가 무엇일까요? 먼저 아벨은 감사하며 하나님께 예물을 드렸습니다. 하지만 가인은 아벨의 모습을 보며 형식만 차렸습니다. 동생의 모습을 그저 따라 했을 뿐, 가인은 감사 없는 제물을 드렸습니다. 감사하지 않는 예배를 드렸습니다. 성경을 보아도 동생 아벨이 먼저 나오고, 형 가인이 나중에 나옵니다.

도대체 왜 그렇게 되었을까요? 가인은 스스로를 탓하며 자신을 돌아봐야 했을 때에도 오히려 분노하며 동생을 시기했기 때문입니다. 심지어 동생을 죽이는 인류 최초의 살인자가 되고 맙니다.

교만이라는 바이러스가 번식하는 자리가 어디일까요? 인간의 오만과 거만이 꿈틀거리는 자리가 어디일까요? 감사를 잃어버린 자리입니다. 모든 불만족과 원망이라는 세균이 자라는 자리는 바로 감사를 잃어버린 자리입니다.

20세기에 나타난 가장 치명적인 질병 가운데 하나를 에이즈(AIDS, 후천성 면역결핍증)라고 합니다. 이는 아주 무서운 병입니다. HIV라는 바이러스에 감염되어 발병하는 전염병으로, 신체의 면역 기능을 무력화시켜 작은 질병에 걸려도 합병증을 유발해 사망케 하는 무서운 질병입니다.

그런데 면역결핍증후군이 몸에만 나타날까요? 인간의 정서와 마음, 인간의 영혼에는 나타나지 않을까요? 분명히 나타납니다. 바로 감사하는 마음이 없을 때입니다. 그때 우리는 정신적 면역결핍증후군에 걸리게 됩니다. 감사하는 마음은 나쁜 세균들을 잡아먹는 백혈구처럼 힘이 있습니다. 그래서 감사가 사라지면 우리 마음은 힘을 잃게 됩니다. 그래서 감사가 사라지는 곳에 불평이 자라나고, 그렇게 자라난 불평은 그나마 있던 감사마저 잡아먹습니다.

천국과 지옥의 차이가 무엇일까요? 천국은 감사할 줄 아는 사람들이 모인 자리이지만, 지옥은 감사가 사라지고 불평하는 사람들이 남의 탓만 하는 곳입니다.

우리는 예배를 드리면서 감사를 배웁니다. "하나님, 예배드리게 해주셔서 감사합니다. 하나님이 나의 하나님이십니다. 내가 하나님의 아들이고 하나님의 딸입니다." 천국에 올라가 하나님과 대면해 누릴 이 감사의 잔치를 미리 끌어당겨 오늘 이 순간 경험하는 것이 바로 예배입니다.

탈무드에는 이런 말이 있습니다. "세상에서 가장 강한 사람은 자기를 이기는 자다. 가장 부유한 사람은 만족할 줄 아는 자다. 가장 지혜로운 사람은 배우는 자다. 가장 행복한 사람은 감사하며 살 줄 아는 사람이다."

행복하십니까? 우리는 감사하지 못해 행복하지 못할 때가 있습니다. 환경보다 더 큰 것이 감사입니다. 영혼의 감사는 환경까지 변화시킵니다. 혹시 우리는 환경에 억눌려 감사하는 마음을 잃고 있지는 않습니까?

목사인 저도 마찬가지입니다. 화가 날 때도 있고, 남의 탓을
할 때도 있습니다. 때로는 무기력증을 느끼며 좌절하고, 모든
것을 다 내려놓아야 하는 것이 아닌가 하는 생각이 들 때도 있
습니다.

그때 하나님 앞에 조용히 섭니다. '하나님, 나를 머리부터 발
끝까지 성령으로 하나하나 밝혀주옵소서.' 그렇게 기도하며 하
나님 앞에서 나 자신을 그대로 들여다보면, 나의 나 된 것이 모
두 하나님의 은혜임을 깨닫게 됩니다. 나를 여기까지 오게 하신
것도 하나님의 은혜요, 이만큼의 건강을 주신 것도 하나님의 은
혜며, 이만큼의 할 일을 주신 것도, 교회를 섬길 수 있는 직책을
주신 것도, 말씀을 증거할 수 있는 것도 하나님의 은혜며 축복
입니다. 그러니 어느 것 하나 감사하지 않을 수가 없습니다. 불
평할 수가 없습니다. 남의 탓을 하거나 핑계를 댈 수가 없습니
다. 그저 "하나님, 감사합니다. 모든 것이 하나님의 은혜입니다"
라는 감사의 고백이 흘러나올 뿐입니다.

그렇게 불평하던 내 영혼이 감사로 깨어나면 모든 것이 새롭
게 보이기 시작합니다. 하늘과 땅이, 내게 주어진 매순간이, 그
리고 내 곁에 있는 사람들이 참으로 소중하고 복됨을 다시 확인
하게 됩니다. 감사하는 영을 가질 때 하나님이 이와 같은 축복

을 우리에게 허락하십니다.

나와 공동체를 바꾸는 감사

사도바울은 골로새서 3장 말씀을 통해 우리에게 감사하는 자가 되라고 권면합니다.

> ……너희는 또한 감사하는 자가 돼라 15절
> ……감사하는 마음으로 하나님을 찬양하고 16절
> ……그(예수님)를 힘입어 하나님 아버지께 감사하라 17절

감사하라. 감사하라. 감사하라. 감사를 요청합니다. 감사하는 것이 쉬운 일일까요, 어려운 일일까요? 쉽기도 하고 어렵기도 한 일입니다. 그러나 내 마음에서부터 시작할 수 있습니다. 감사하며 살겠다고 마음을 먹으면, 그때부터 감사할 것들이 보이기 시작합니다. 반대로 불평 좀 해야겠다고 생각하면, 감사할 것들이 보이지 않습니다.

우리는 '감사'라는 말을 들으면 마음속에서부터 이런 항의가 생깁니다. '감사하라고? 아니 세상이 얼마나 치열한 경쟁 가운

데 있는데, 상대방을 누르고 앞서가야 이기는 세상에서 어떻게 감사하면서 인생을 살아가라는 말인가? 감사하라고? 요즘은 자기 피알PR의 시대잖아. 뽐내기도 하고, 과시하기도 하고, 교만도 떨고, 자랑도 해야 인기가 생기는 것 아니야? 감사하라고? 지도자가 되려면 강력한 지시와 명령이 동반되는데, 감사하면서 어떻게 지도자가 될 수 있다는 거야?'

미국의 경제 전문지 〈포춘Fortune〉에서는 1년에 한 번씩 일하기 좋은 100대 기업을 발표합니다. 한국에서도 일하기 좋은 100대 기업을 발표하곤 합니다. 어떤 기업이 일하기 좋은 기업일까요? 그런 기업이 가진 특징은 무엇일까요?

일하기 좋은 기업을 GWP라고 하는데, 이는 Great Work Place의 머리글자를 딴 용어로 '행복한 일터'라는 뜻입니다. 여기에 해당되기 위해서는 세 가지 요건이 필요합니다. 첫 번째는 'pride'로 자부심과 긍지가 있는가 하는 것입니다. 두 번째는 'trust', 신뢰입니다. 마지막으로 세 번째는 'fun', 즐거움입니다. 무슨 의미일까요? '내가 하는 일에 자부심을 느끼고, 나의 존재 자체에 긍지를 느낄 수 있도록 회사 공동체가 운영되고 있는가? 동료와 회사를 신뢰하는가? 일하는 것이 내게 즐거움이 되는가?' 하는 부분을 본다는 것입니다.

이는 기업에만 해당되는 이야기가 아닐 것입니다. 우리는 가정에 자부심이 있습니까? 내 아버지의 아들, 내 어머니의 딸인 것이 내게 자부심입니까? 내 아들과 딸을 소중하게 대하고 있습니까? 내 아내, 내 남편을 귀하게 여깁니까? 이러한 자부심과 긍지는 매우 소중한 것입니다. 이것이 있어야 아버지와 어머니를 신뢰하고, 아들과 딸을 신뢰하지 않겠습니까? 서로가 신뢰할 수 있다는 것이 얼마나 멋진 일입니까? 또 가정에 즐거움이 있습니까? 서로를 만나면 즐겁습니까? 그 즐거움이 없어서 세상에서 이리저리 헤매며 쾌락에 빠져 있다가 밤중이 되어서야 집에 온다면, 그 가정을 온전한 가정이라고 할 수 있겠습니까?

'자존감이 있는가, 신뢰가 있는가, 참여하는 즐거움이 있는가'라는 것은 기업이나 가정뿐만이 아니라 우리 인생 전부에 해당되는 이야기입니다. 늘 이 세 부분을 살펴보고 이에 대한 대답을 할 수 있어야 할 것입니다.

이 세 조건을 충족시키며 일하기 좋은 기업을 만들기 위해 몇 사람들이 앞장서 벌인 운동이 있습니다. 바로 '감사 운동'입니다. 생산성을 높이고 이익을 추구하는 집단인 기업이 감사 운동을 한다니, 조금 의심스럽지 않습니까? 그런데 실제 포스코와 삼성중공업에서 이 운동을 시작했습니다. 다른 기업들도 뒤따라가고 있고 군부대에서도 시범적으로 이 운동을 실천하고 있습니다.

감사 운동의 예를 보여준 책도 소개합니다. 유지미가 쓴 《100감사로 행복해진 지미 이야기》와 손욱이 쓴 《나는 당신을 만나 감사합니다》라는 책입니다. 이 책들은 개인적으로, 기업 차원에서 감사한 일들을 일기로 쓰고, 감사의 내용들을 다른 사람에게 전하면서 그 공동체가 어떻게 변화되고 있는지를 보여줍니다.

원칙은 다음과 같습니다. 내가 행복하면 가정이 행복하고, 가정이 행복하면 일터가 행복하고, 일터가 행복하면 사회가 행복하고, 사회가 행복하면 내가 행복해진다는 것입니다. 어머니, 아버지께 감사하고, 아내와 남편에게 감사하고, 직장이 있는 것에 감사하고, 동료가 있는 것에 감사하고, 심지어 내 책상과 의자, 내가 만지는 기계에 감사했더니 능률이 오르더라는 것입니다. 기계도 고장률이 감소되더라는 것입니다.

일상에서의 감사

그리스도인을 여러 모습으로 정의할 수 있겠지만, 그중 하나가 '감사할 줄 아는 사람'이 아닐까요? 하나님이 아름다운 하늘과 땅을 주신 것, 낙엽 떨어지는 것을 보며 사시사철의 아름다움을 볼 수 있게 하신 것, 많은 열매를 맺게 해주신 것, 우리에게 시간을 주신 것, 어제를 회상할 수 있고 미래를 내다볼 줄 알며 오늘이 내게 주신 가장 소중한 종말론적 하루임을 알게 하신 것, 이 모든 것에 감사하며 산다면 참으로 멋진 인생이 아니겠습니까?

김현승이라는 시인이 〈아침 식사〉(《김현승 시선집》, 민음사)라는 짧은 시를 썼습니다. 공간과 시간을 허락하신 하나님께 감사의 기도를 드리는 내용입니다.

내 아침상 위에
빵이 한 덩이,
물 한 잔.

가난으로도
나를 가장 아름답게
만드신 주여.

겨울의 마른 잎새
한끝을,
당신의 가지 위에 남겨두신
주여.

주여,

이 맑은 아침

내 마른 떡 위에 손을 얹으시는

고요한 햇살이시여.

빵 한 조각과 물 한 잔을 앞에 둔 가난한 식사이지만, 햇살이 빵 조각을 비추는 것을 보며 하루를 주신 것과 아침 식사를 주신 것에 감사하는 노래입니다.

우리는 어떻습니까? 혹시 감사를 잊고 살고 있지는 않습니까? 우리에게 주신 삶의 여건들을 하나하나 세어볼 때, 불평할 것은 빨리 떠오르는데 감사할 것은 없다고 여기지는 않습니까?

골로새서를 통해 사도 바울은 우리에게 어떻게 감사해야 하는지를 가르쳐줍니다.

또 무엇을 하든지 말에나 일에나 다 주 예수의 이름으로 하고 그를 힘입어 하나님 아버지께 감사하라 골로새서 3:17

감사하면서 예수님의 이름으로 무엇이든지 하라는 것입니다. 말할 때나 행동할 때나 직장에 있을 때나 사랑하는 사람을 만날 때나 늘 감사하며 사는 것이 하나님이 우리에게 주신 축복이라고 합니다. 감사할 때 전천후로 감사가 충만하게 되고 내 삶이 회복됩니다.

시편에는 가장 쉬운 것, 즉 일상의 일들에 대한 감사가 나옵니다.

내가 누워 자고 깨었으니 여호와께서 나를 붙드심이로다 시편 3:5

여기에 보면 '눕다, 자다, 깨다'라는 세 동사가 등장합니다. 어제 저녁에 눕지 않으신 분, 잠들지 못하신 분, 그리고 아침에 못 깨신 분이 계십니까? 우리가 늘 일상적으로 하는 일들이 아닙니까? 그런데 시인은 뭐라고 고백합니까? 주께서 나를 붙드셨기에 누울 수 있고, 잠들 수 있고, 아침에도 깰 수 있었다고 합니다.

한 걸음 한 걸음 땅을 디디면서 "하나님, 내게 이만큼 땅을 디딜 수 있는 힘을 주셔서 감사합니다. 오늘 밥을 먹을 수 있는 식욕을 주시니 감사합니다. 먹은 것들이 잘 소화되어 배설되게 하시니 감사합니다"라고 기도해보는 것입니다. 내게 주어진 일상 가운데 감사를 발견하는 것이 믿음의 사람들이 가진 최고의 축복입니다.

감사는 축복이다

내가 감사할 사람 중에 제일 먼저 떠오르는 사람이 누구입니까? 어머니입니까? 아버지입니까? 아내입니까? 남편입니까? 아들입니까? 딸입니까? 친구입니까?

우리 인생에 수많은 축복이 있지만 감사할 수 있는 축복만큼 큰 축복도 없을 것입니다. 감사하며 사는 인생이 힘 있고 보람 있고 기쁘게 사는 인생이며, 하나님이 내게 주신 목표를 향해 달려갈 수 있는 능력을 얻는 길입니다.

하나님이 내게 주신 삶을 되돌아보면서 "하나님, 감사합니다. 공간과 시간을 주셔서 감사합니다. 귀한 믿음의 사람을 내 곁에 있게 하셔서 감사합니다. 내가 다시 일어서겠습니다. 감사하며 평생을 살겠습니다"라고 말하며 감사로 삶을 채워보십시오.

그리고 하루에 한 번씩 사랑하는 이에게 감사를 표현해보십시오. 그것이 인생에서 복받는 길이고, 하나님이 내게 주신 삶을 축복으로 이끄는 길입니다. 우리 모두가 하나님이 주신 모든 것에 감사하며 살아가는 복된 믿음의 사람들이 되기를 원합니다.

날마다 우리 삶을 풍성히 채워주시는 하나님, 주께서 우리에게 많은 것을 선물로 허락해주셨습니다. 이제 여기에 한 가지를 더해주시기를 간절히 구합니다. 바로 하나님께 전심으로 감사할 줄 아는 마음을 주옵소서. 머리부터 발끝까지 나의 온몸이 하나님께 감사하며 하나님의 아름다운 도구로 사용되게 하옵소서.

심판

우리가 살날을 계수하라

우리에게 우리 날 계수함을 가르치사 지혜로운 마음을
얻게 하소서 시편 90:12

삶은 평가의 연속이다

성경의 여러 주제 가운데 이제 마지막 주제까지 왔습니다. 열일곱 번째 주제는 '심판'입니다. 조금은 무거운 주제입니다. 심판이라는 말을 조금 쉽고 편안한 말로 바꾼다면, '평가'라고 할 수 있습니다. 또 다른 말로 표현한다면 '시험, 테스트'라고도 할 수 있습니다.

기억하십니까? 중·고등학교 시절, 제일 공부하기 싫을 때가 아닙니까? 시험을 치를 때면 참으로 괴롭기 짝이 없었습니다. 등수가 나오기 때문입니다. 또 대학 입시는 얼마나 치열했습니까? 붙는 사람보다 떨어지는 사람이 더 많았습니다. 오늘날 입사 시험은 어떠합니까? 수십 대 일, 수백 대 일의 경쟁률을 뚫어야 합니다. 막상 직장에 들어갔더라도 끝이 아닙니다. 누가 먼저 승진하는가 하는 치열한 경쟁이 다시 반복됩니다.

자녀를 결혼시키려는 부모들은 자녀들을 결혼시키기가 쉽지 않다고 걱정합니다. 인구의 절반이 남자고, 절반이 여자인데도 불구하고 '내 짝'을 찾는 것이 결코 쉽지 않습니다. 왜입니까? 평가와 시험이 그 안에 들어 있기 때문입니다. 나도 상대방을 평가하고 상대방도 나를 평가합니다. 이 평가와 저 평가가 어느 정도 비슷해야 결혼이 성사되는데 자꾸 어긋나는 것입니다.

기업들은 1년 동안의 결산을 통해 평가를 받습니다. 얼마나 회사를 잘 운영했는지, 이익을 얼마만큼 냈는가로 평가를 받습니다. 아주 독선적인 정치인들도 신경을 쓰는 것이 있습니다. 바로 여론입니다. 여론에는 아주 민감하게 반응합니다. 선거철이 다가오면 그들은 아주 겸손해집니다. 왜 그렇습니까? 자신들의 위치가 국민들의 평가 결과인 선거에 의해 결정되기 때문입니다.

이렇듯 세상에 평가가 없는 곳이 없습니다. 우리는 평가 때문에 낙심할 때도 있지만, 한편으로는 평가 때문에 번쩍 눈을 뜨고 정신을 차리기도 합니다. 부지런해지기도 합니다. 열정을 갖고 일에 전념하게 되는 것도 끊임없이 평가가 기다리고 있기 때문입니다.

살아 있음으로 '다시' 은혜를 누리다

목사인 저도 예배를 인도하면서 하나님 앞에 평가를 받고, 또 성도들에게도 알게 모르게 평가를 받습니다. 매주, 매일 설교를 준비하다 보면 때로는 그것이 무거운 짐처럼 압박으로 다가오기도 합니다. 하지만 내게 주신 하나님의 사명인 것을 알기에 즐겁고 감사한 마음을 갖으려 합니다. '어떻게 해야 하나님 말씀을 더 깊이 깨달을 수 있을까? 어떻게 하면 바르게 전할 수 있을까? 어떻게 하면 하나님의 은혜를 기뻐하며 예수님을 더욱 사랑하고 성령 충만하게 될까?'

우리 모두가 가정과 직장 생활 가운데 이와 같은 바람을 가지고 있을 것입니다. '부모로서의 역할과 위치를 잘 지키며 감당하고 있는가? 부모님에게는 좋은 아들, 귀한 딸인가? 직장인과 사회인으로서 맡겨진 일을 잘 감당하고 있는가?' 끊임없이 돌아볼 것입니다.

특히 연말연시가 되면 더 자신을 돌아보게 되고 반성하지 않을 수가 없습니다. '내년에도 올 한 해처럼 똑같이 살아야 할까? 지난해 나는 어디에 마음과 정열을 쏟았던가?'라고 되돌아봅니다. 반성을 신앙적인 언어로 말한다면, '회개하는 마음'일 것입니다.

하나님이 모든 사람에게 24시간을 공평하게 맡기시며 이렇게 말씀하십니다. "네가 이 시간을 운영해보거라. 마음껏 활용해보거라. 그러나 명심할 것이 한 가지 있다. 마지막에 네 삶을 평가할 시간이 있을 것이다. 심판이 다가오고 있다."

이처럼 인생이란 시작하는 시간이 있듯 마감하는 시간도 있습니다. 그러므로 살아 있는 지금 이 시간이 소중한 것입니다. 살아 있다는 것은 수정이 가능하다는 뜻입니다. 컴퓨터가 잘 작동되지 않으면, 여러 방법을 써보다가 리셋 버튼을 누릅니다. 다시 원점에서 시작하겠다는 것입니다. 바로 이 '다시'란 살아 있을 때 가능합니다.

하지만 '다시'가 불가능한 시간이 있습니다. 누구에게나 다가오는 우리 인생의 마지막 평가 시간, 바로 죽음입니다. 죽음은 리셋이 안 됩니다. 회복이 불가능합니다. 내 생을 다시 한 번 살고 싶어도 그럴 수 없습니다. 그렇게 사랑하던 사람도 죽게 되면 내 곁에 더 이상 같이 있을 수 없습니다. 그저 흙으로 돌려보내야 하는 것이 죽음의 아픔입니다.

우리 모두는 언젠가 하나님 앞에, 마지막 심판대 앞에 서게 될 것입니다. 그리고 하나님께 평가를 받게 될 것입니다. 내 언어, 내 행동, 내 인격, 내가 살아왔던 모든 순간이 하나님 앞에 평가받게 될 것입니다. 그때 하나님이 우리를 칭찬하실지 꾸중하실지는, 오늘 우리 삶의 태도와 내용에 달려 있습니다.

우리가 하나님 앞에 서게 된다는 사실은 한편으로는 두려움이고, 또 다른 한편으로는 큰 위로가 됩니다. 왜 두려움을 줍니까? 내 인생을 더 책임감 있게 살아야 한다는 당위성이 주어지기 때문입니다. '계속 이렇게 살아도 되는 것일까?'라고 묻게 되기 때문입니다. 이러한 자기반성과 자기 훈련의 기회를 갖게 하시려고 하나님이 우리 앞에 '심판'을 놓아두셨다는 이야기입니다.

그리고 왜 위로가 될까요? 이 세상은 임시적이라는 사실을 가르쳐주기 때문입니다. 만약 이 세상의 삶이 전부라면, 그동안 지상에서 느꼈던 슬픔, 아픔, 탄식하고 상처받고 미움과 분노로 떨었던 그 모든 일들이 얼마나 한이 맺히는 일이겠습니까?

하나님은 더 큰, 영원한 세계를 우리에게 허락하셨습니다. 그리고 우리가 그 영원한 세계를 향해 가는 길을 하나님이 평가하십니다. 동시에 나를 가장 잘 아시는 그분이 영원한 세계에서 내가 세상에서 흘린 모든 눈물을 닦아주시고 내 슬픔을 위로하신다고 약속하십니다.

죽음을 기억할 때 삶이 소중해진다

구약 시대 이스라엘 민족의 지도자였던 모세는 인생이 무엇인지를 꿰뚫어보고 있었습니다. 인생이 무엇인지, 우리가 얼마나 사는지, 또 살아 있을 동안 무엇을 하는 것이 참된 지혜인지를 우리에게 가르쳐주고자 했습니다.

> 우리에게 우리 날 계수함을 가르치사 지혜로운 마음을 얻게 하소서 시편 90:12

'우리 날'이란 무엇입니까? 우리가 살아야 할 날들입니다. 그렇다면 앞으로 얼마만큼 살 수 있는지 그 날을 헤아리게 해달라는 것은 무슨 의미일까요? 내 인생에 언젠가는 마감이 있음을 깨닫고, 오늘을 살게 해달라는 뜻입니다. 인생에 끝이 있음을 알아야 살아 있음에 감사할 수 있고, 이렇게 호흡하며 살아가는 오늘이 소중하고 귀하다고 선포할 수 있는 것입니다. 그래서 모세는 우리가 살아야 할 그 날을 헤아릴 수 있게 해달라고 하나님 앞에 기도하는 것입니다.

옛 지혜자들은 "죽음을 기억하라!Memento mori"는 말을 소위 잘나가는 사람, 성공했다는 사람에게 먼저 했습니다. 로마 제국에서는 전쟁을 승리로 이끈 장군에게 "당신은 인간입니다. 당신은 신이 아닙니다. 죽음을 기억하세요!"라고 말했습니다. 성공한 사람들이 쉽게 허영심과 교만에 빠진다는 것을 알고, 스스로 자랑하던 모든 것들에서 벗어날 수 있도록 해주는 말이었습니다. 또한 살아 있음을 소중히 여기며 살아가라는 뜻이기도 합니다.

성경을 읽다보면 알 수 있습니다. 하나님이 인간을 위대하게 만드셨다는 사실을 말입니다. 인간만큼 위대한 존재가 세상에 또 어디 있습니까? 하나님은 오직 인간만을 하나님의 형상으로 만드셨습니다. 그리고 하늘과 땅의 모든 것들을 인간을 위해 만드셨습니다. 그만큼 하나님께 인간은 소중한 존재입니다. 당신의 형상대로 만드시고, 이 하늘과 땅의 아름다운 모든 것을 누리게 하시기 위해 인간을 만드신 것입니다. 그만큼 소중하고 가치 있는 존재가 바로 인간입니다.

또한 인간을 한계 있는 존재로 만드셨습니다. 인간은 먼지와도 같고 아침 이슬과도 같은 존재입니다. '인생은 일장춘몽, 한번 긴 꿈을 꾸는 것과도 같다'라는 말은 바로 인간의 이런 한계를 묘사한 것입니다. 흙으로 빚고 생기를 불어넣어 만드심으로, 생기가 걷히면 다시 흙으로 돌아갈 존재라는 사실도 가르쳐주셨습니다. 들판의 아름답게 핀 꽃들도 겨울이 오면 자취를 감춥니다. 이를 통해 인간을 지은 하나님이 우리에게 가르쳐주신 것이 있습니다. "애야, 너는 창조주가 아니란다. 너는 인간이란다. 너는 피조물이란다." 그리고 이전부터 하나님의 사람들은 이 사실을 늘 기억하고 있었습니다. 120세까지 장수한 모세 역시 이 사실을 기억했던 사람이었습니다. 모세는 인간이 어떤 존재인지를 확실히 알고 있었습니다. 그래서 그는 이렇게 이야기합니다.

> 주께서 사람을 티끌로 돌아가게 하시고 말씀하시기를 너희 인생들은 돌아가라 하셨사오니 시편 90:3

"티끌로 돌아가게 하셨다"는 것은, 우리 인생이 본디 어디서부터 왔는지를 가르쳐주는 것입니다. 이 땅에서 왕으로 살며 부귀영화를 누렸던 다윗은 자기 인생의 연약함을 이렇게 고백합니다.

> 주께서 나의 날을 한 뼘 길이만큼 되게 하시매 나의 일생이 주앞에는 없는 것 같사오니 사람은 그가 든든히 서 있는 때에도 진실로 모두가 허사뿐이니이다 시편 39:5

그래서 무얼 알게 하신다는 말입니까? 하나님이 내 인생의 주인이시라는 것, 즉 내 삶과 죽음을 관할하시는 분이 바로 하나님이라는 것. 그분이 내게 생명의 기운을 불어넣으시면 내가 살아 움직이고, 내 속에서 하나님의 기운과 영을 거두어 가시면 나는 차디찬 하나의 물질로, 아니 티끌로 돌아간다는 것. 바로 이 인생의 진리를 하나님께서 깨닫게 하십니다.

크로노스와 카이로스

모세는 절절하게 자기의 삶을 회고하며 인생이 무엇인지를 하나님 앞에 그대로 토해냅니다.

> 우리의 모든 날이 주의 분노 중에 지나가며 우리의 평생이 순식 간에 다하였나이다 우리의 연수가 칠십이요 강건하면 팔십이 라도 그 연수의 자랑은 수고와 슬픔뿐이요 신속히 가니 우리가 날아가나이다 시편 90:9-10

우리 인생이 날아간다고 합니다. 어디로 날아갑니까? 사라질 데로 날아간다는 것입니다. 내 삶이 순식간에 다하였고, 세월이

신속히 지나갔다고 이야기합니다.

혹시 이런 난센스 퀴즈를 들어본 적 있으십니까? '세상에서 가장 빠른 새는?' 답은 '눈 깜짝할 새'입니다. 우리의 지난 세월을 되돌아보면, 눈 깜짝할 새 여기까지 왔습니다. 한 해가 시작된 게 엊그제 같은데 벌써 연말이 되고, 또 다음 해로 넘어갑니다.

하나님 앞에서 우리의 삶을 되돌아보니 그냥 지나갔구나 싶은 것입니다. '나는 60이요, 나는 70이요, 나는 80이요, 90이요, 100이요'라고 연수를 자랑해봐도 그냥 지나간 것일 뿐입니다.

그러나 50년, 100년 전과 달리 오늘날에는 시간이 질적으로 농축되어 있는 것이 사실입니다. 성경에는 시간을 의미하는 헬라어 단어가 크게 두 가지가 있습니다. 하나는 '크로노스chronos'입니다. 이것은 연대기적인 개념으로 1년 365일, 일상적으로 흘러가는 시간을 말합니다. 또 다른 단어는 '카이로스kairos'입니다. 이것은 의미와 뜻이 있고 질적으로 충만한 시간을 말합니다. 크로노스를 '양의 시간'이라고 한다면, 카이로스는 '질의 시간'이라고 할 수 있습니다.

365일 중에 자기 생일은 기억하지 않습니까? 결혼하신 분들은 결혼 날짜를 기억하지 않습니까? 그 날짜에 의미가 담겨 있기 때문이 아닙니까?

예수님이 이 땅에 오셔서 말씀을 증거하실 때, 이렇게 말씀하셨습니다. "때가 찼다. 회개하라. 때가 찼다. 하나님의 나라가 가까이 왔다." 여기서의 '때'가 바로 카이로스입니다. 질적으로 새로워져야 할 때가 지금 우리에게 다가왔다고 예수님이 선포하신 것입니다.

하나님으로 인해 충만해지는 시간

하나님의 심판대 앞에 서기 전, 우리는 남은 시간을 어떻게 채워야 할까요? 일상적으로 흘러가는 크로노스를 어떻게 카이로스로 바꿀 수 있을까요? 예수님을 믿는 사람들에게는 방법이 있습니다. 바로 내 시간 가운데 하나님을 인정하는 것입니다. 크로노스적인 지상의 시간 속에 하늘로부터 오는 영원한 시간을 접목하는 것입니다. 어떻게 가능합니까? 하나님을 만나는 것입니다. 하나님을 만나는 순간에 크로노스의 시간이 카이로스로 바뀝니다.

이렇듯 시간과 영원이 맞닿는 시간이 바로 예배드리는 시간입니다. 우리는 예배를 드리면서 지상의 시간 가운데 하나님의 손이 다가오는 것, 즉 크로노스의 삶 가운데 영원한 생명의 시간을 경험하게 됩니다. 내 흘러가는 시간 가운데 질적으로 충만한 하나님의 사건이, 하나님의 말씀이 들어옵니다. 땅의 사람이 하늘에 계신 하나님과 만나기 때문에 가능한 일입니다.

우리는 예배를 통해 바로 이 하나님의 영원한 시간을 붙들어야 합니다. 어떻게 붙들까요? 오늘 모세의 말씀처럼, "우리 날 계수함을 가르치사 지혜로운 마음을 얻게 하옵소서"라고 기도하는 것입니다.

모세는 자기의 인생을 되돌아보면서 "나를 가르쳐달라"고 기도하고 있습니다. 나를 깨우쳐달라고, 내 속에 지혜로운 마음을 달라고 요청합니다. 이 땅에서 살아가는 것은 나지만, 하나님이 내 삶에 찾아오셔서 나를 이끌어달라고 요청하고 있습니다. "저는 그저 듣고 배우겠습니다. 하나님의 말씀을 제 속에 채우겠습니다. 하늘의 참된 지혜를 갖기를 소원합니다." 이렇게 간절히 구하고 있습니다.

젊었을 때나 나이가 들었을 때나 예수 믿는 사람들의 가장 큰 특징은 기도하면서 깨닫는 것입니다. 기도하면서 말씀을 깨닫고 기도하면서 하나님의 약속을 내 것으로 삼는 것, 이것이 그리스도인의 삶의 모습입니다.

젊었을 때는 배움의 이유가 '내가 얼마나 큰 업적을 남기느냐'에 있었습니다. 그러나 나이가 점점 들어가면서는 'doing'보다는 'being', 즉 내 존재 자체가 소중해집니다. 주님을 닮아가며 나 자신의 존재 자체를 위해 배워가는 사람들은 나이가 몇이든 상관없이 영원한 세계 속에서 영화롭게 되는 것입니다.

지혜로운 마음이 무엇일까요? 예수님이 내게 주신 지금 이 시간을 음미할 줄 아는 것입니다. 지금을 소중히 여기며 즐거워할 줄 아는 것입니다. 이 순간을 의미 있게 우리의 것으로 만드는 것입니다.

오늘을 살라

예수님은 33년을 사셨습니다. 짧은 생이었습니다. 그중 공생애는 3년이었습니다. 그런데도 예수님은 십자가에 못 박혀 인생을 마감하실 때 "[내가] 다 이루었다"(요한복음 19:30)라고 말씀하셨습니다. 어떻게 그것이 가능했을까요?

예수님의 시간 속에 하나님의 시간이 들어 있었기 때문입니다. 예수님의 인생의 목표 속에 하나님의 목표가 들어 있었기 때문입니다. 이처럼 크로노스의 삶이 카이로스의 삶으로 바뀌는 것은 하나님을 사랑하는 것과 마찬가지입니다. 하나님이 허락하신 이웃을 사랑하며 살아가는 것과 다름 아닙니다. 내 옆에 있는 사랑해야 할 사람의 손을 한 번 더 만져보는 것입니다. 한 번 더 대화하고, 한 번 더 축복해주는 것입니다. 그것이 크로노스적인 삶에서 카이로스적인 삶으로 나아가는 그리스도인들의 지혜입니다.

그런 마음으로 살아갈 때, 마지막 날 하나님의 심판대 앞에 서서 "사랑하면서 살았습니다. 하나님을 사랑하고 이웃을 사랑하면서 살았습니다. 내게 주어진 시간이 정말 소중해서 기뻐하고 즐거워하며 살았습니다"라고 말할 수 있을 것입니다.

'내일부터 잘해보겠다. 내년에는 더 잘해보겠다'라는 결심보다 더 중요한 것이 있습니다. 지금 주어진 이 시간을 소중히 여기는 것입니다. 예배드릴 때는 예배드리는 시간을 소중히 여기는 것입니다. 가족과 있을 때는 그 시간을 소중히 여기는 것입니다. 공부할 때나 직장에서 일할 때나 내게 주어진 오늘이라는 모든 시간 속에 하나님의 시간을 끌어들이는 것입니다. 하나님을 만나고 하나님을 사랑함으로 말입니다.

우리에게 주어진 이 삶을 하나님이 언제 거두어 가실지는 아무도 알 수 없습니다. 그렇기에 오늘 내게 주어진 이 삶을, 이 시간을 소중히 여겨야 합니다. 우리 모두가 인생의 매 순간마다 "감사합니다. 사랑합니다. 축복합니다"라고 고백하며 살아가는 하나님의 귀한 자녀들이 되기를 소망합니다.

prayer

심판의 주이신 하나님, 우리에게 마지막 때가 있으며, 언젠가 는 우리가 하나님의 심판대 앞에 선다는 것을 기억하게 하옵소 서. "내가 몇 년만 더 젊었어도"라는 헛된 탄식을 멈추게 하옵 소서. 오늘을 하나님의 선물로 알고, 감사한 마음으로 음미하 며 즐거워하게 하옵소서. 하루하루 매 순간 하나님이 내 시간 안에 들어오셔서 내 삶에 참여하여 주옵소서.

내가 만물을 새롭게 하노라

1판 1쇄 인쇄 2014년 9월 12일
1판 1쇄 발행 2014년 9월 19일

지은이 김지철

발행인 양원석
편집장 송명주
책임편집 배정아
교정교열 김현아
해외저작권 황지현, 지소연
제작 문태일, 김수진
영업마케팅 김경만, 정재만, 곽희은, 임충진, 장현기, 김민수, 임우열,
        윤기봉, 송기현, 우지연, 정미진, 윤선미, 이선미, 최경민

펴낸 곳 ㈜ 알에이치코리아 임프린트 아드폰테스
주소 서울시 금천구 가산디지털2로 53, 20층 (가산동, 한라시그마밸리)
편집문의 02-6443-8858 **구입문의** 02-6443-8838
홈페이지 http://rhk.co.kr
등록 2004년 1월 15일 제2-3726호

ⓒ 김지철, 2014
Printed in Seoul, Korea

ISBN 978-89-255-5415-0 (03230)

아드폰테스는 '사슴이 시냇물을 찾듯이'(시 42:1)에서 나온 '원천으로 돌아가자'는 뜻의 라틴어로
복음의 근본을 생각하는 RHK의 기독교 임프린트입니다.
RHK 는 랜덤하우스코리아의 새 이름입니다.